Rossini / La Cenerentola *ossia* La bontà in trionfo
Cinderella or *Goodness triumphant*

ornament in sextet!

GIOACHINO ROSSINI

La Cenerentola
ossia
La bontà in trionfo
(Cinderella or Goodness triumphant)

Dramma giocoso in due atti di · *Dramma giocoso* in two acts by
Jacopo Ferretti

Prima rappresentazione / First performance
Roma, Teatro Valle, 25 gennaio 1817

VOLUME II

English translation by Arthur Jacobs
with additional translations by Anna Herklotz

Riduzione per canto e pianoforte | Reduction for voice and piano
condotta sull'edizione critica della partitura | based on the critical edition of the orchestral score
edita dalla Fondazione Rossini di Pesaro | published by the Fondazione Rossini of Pesaro
a cura di | edited by

Alberto Zedda

RICORDI

COMITATO DI REDAZIONE · EDITORIAL BOARD

Philip Gossett (direttore dell'edizione / *director of the edition*)
Bruno Cagli, Patricia Brauner
Cesare Scarton (segretario del comitato / *secretary of the committee*)

Gli editori ringraziano Philip Gossett per l'aiuto prestato alla preparazione di questo volume
The publishers wish to thank Philip Gossett for his help in the preparation of this volume

La Prefazione, le Note critiche e il testo cantato dei NN. 6a, 8, Recitativo Dopo il Coro di Cavalieri
sono stati tradotti da Anna Herklotz
The Preface, the Critical Notes and the singing text to NN. 6a, 8, Recitativo Dopo il Coro di Cavalieri
were translated by Anna Herklotz

Casa Ricordi Editore, Milano
© 1971 by Casa Ricordi per la prima versione della partitura / for the first version of the full score
© 1998 by FONDAZIONE ROSSINI - PESARO per l'edizione critica definitiva della partitura / for the definitive critical edition of the full score
© 2004 by UNIVERSAL MUSIC PUBLISHING RICORDI s.r.l.
per la riduzione canto-pianoforte e le traduzioni / for the piano reduction and   additional translations
All worldwide exploitation rights reserved to UNIVERSAL MUSIC PUBLISHING RICORDI s.r.l.

CP 131821

Riproduzioni musicali del Laboratorio Copiatura Musica - Milano

ISBN 978-88-7592-701-1
ISMN 979-0-041-31821-9

INDICE DEI PEZZI · INDEX OF THE PIECES

ATTO SECONDO / ACT TWO

N. 8	**Introduzione [Coro di Cavalieri]** Ah! Della bella incognita - *Ah! For our local maidens* (Coro)	381
	[Recitativo Dopo il Coro di Cavalieri] Mi par che quei birbanti - *I tell you they were laughing* (Clorinda, Tisbe, Magnifico)	389
N. 9	**[Aria Magnifico]** Sia qualunque delle figlie - *Now whichever one is lucky* (Magnifico)	399
	[Recitativo] Dopo l'Aria Magnifico Dì: sogni ancor che il Principe - *Do you still think that Prince* (Clorinda, Tisbe, Cenerentola, Ramiro, Dandini, Alidoro)	415
N. 10	**Recitativo** "E allor… se non ti spiaccio…" - *She said: "If you still love me"* (Ramiro, Alidoro)	423
	e Aria Ramiro Sì, ritrovarla io giuro - *Yes, I shall find her, I swear it* (Ramiro, Coro)	426
	[Recitativo Dopo l'Aria Ramiro] (La notte è omai vicina) - *(It's getting dark already)* (Dandini, Magnifico, Alidoro)	446
N. 11	**Duetto [Dandini - Magnifico]** Un segreto d'importanza - *You'll be staggered, and astounded* (Dandini, Magnifico)	452
	[Recitativo] Dopo il Duetto di Dandini - Magnifico Mi seconda il destino - *This is just as I planned it* (Alidoro)	472
N. 12	**Canzone [Cenerentola]** Una volta c'era un Re - *Long ago there lived a King* (Cenerentola)	474
	[Recitativo] Dopo la Canzone Quanto sei caro! - *How very precious!* (Clorinda, Tisbe, Cenerentola, Magnifico)	476
N. 13	**Temporale**	482
	[Recitativo] Dopo il Temporale Scusate Amici - *Sir, please excuse me* (Clorinda, Cenerentola, Ramiro, Dandini, Magnifico)	483
N. 14	**Sestetto** Siete voi? - *So I find you* (Clorinda, Tisbe, Cenerentola, Ramiro, Dandini, Magnifico)	492
	[Recitativo] Dopo il Sestetto Dunque noi siam burlate? - *It's nothing but a swindle* (Clorinda, Tisbe, Alidoro)	576
N. 15	**Aria Clorinda** Sventurata! Mi credea - *Oh misfortune! I was aiming* (Clorinda)	580
	[Recitativo] Dopo l'Aria di Clorinda La Pillola è un po' dura - *You see the pill is bitter* (Tisbe, Alidoro)	586
N. 16	**Finale Secondo: Coro,** Della fortuna istabile - *Fortune's a wheel that turns and turns* (Coro)	593
	e Scena Cenerentola Sposa… Signor - *Dearest! Forgive me;* Nacqui all'affanno, e al pianto - *Born to a life that was lonely* (Clorinda, Tisbe, Cenerentola, Ramiro, Dandini, Magnifico, Alidoro, Coro)	603

APPENDICE I / APPENDIX I
Varianti vocali di Rossini per il Finale Secondo Coro e Scena Cenerentola (N. 16)
Vocal variations by Rossini for the Second Finale Chorus, and Scene of Cinderella (N. 16)   636

APPENDICE II / APPENDIX II
(Roma, 1820 / *Rome, 1820*)

N. 6a   **Scena** Sì. Tutto cangierà - *Yes. Everything will change* (Cenerentola, Alidoro)   640
ed Aria Alidoro Là del ciel nell'arcano profondo - *High above in majestic seclusion* (Alidoro)   645

ATTO SECONDO
N. 8
INTRODUZIONE
[di Luca Agolini]

[Coro di Cavalieri]
[SCENA I]

(Gabinetto nel Palazzo di Don Ramiro)
(Cavalieri, Don Magnifico, entrando con Clorinda, e Tisbe sotto il braccio, ed osservando i Cavalieri che partono)

ACT TWO
N. 8
INTRODUCTION
[by Luca Agolini]

[Chorus of Cavaliers]
[SCENE I]

(Room in the Palace of Don Ramiro)
(Cavaliers, Don Magnifico, entering with Clorinda and Tisbe on his arms, and watching the Cavaliers who are leaving)

[Recitativo Dopo il Coro di Cavalieri] | [Recitative After the Chorus of Cavaliers]

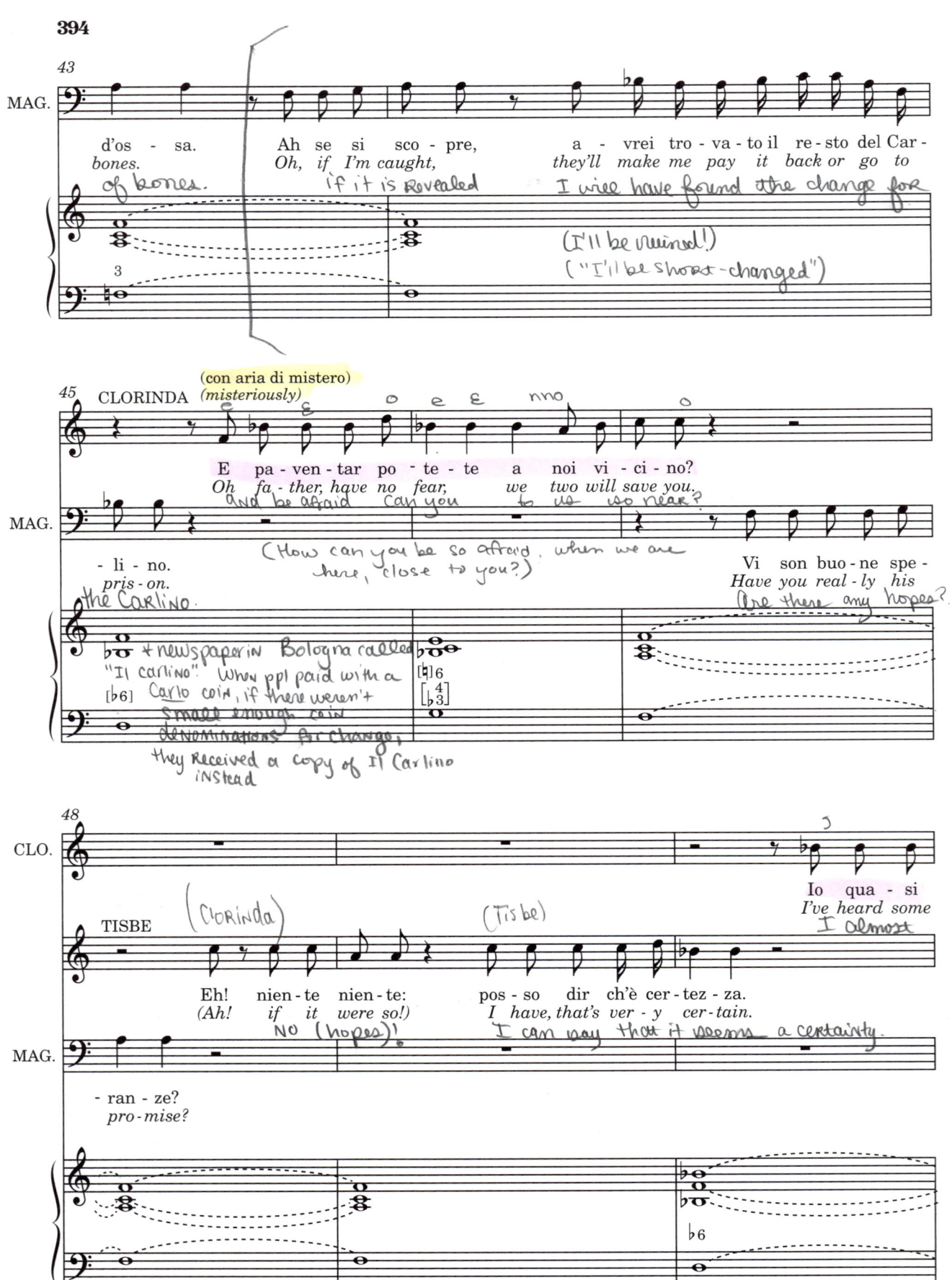

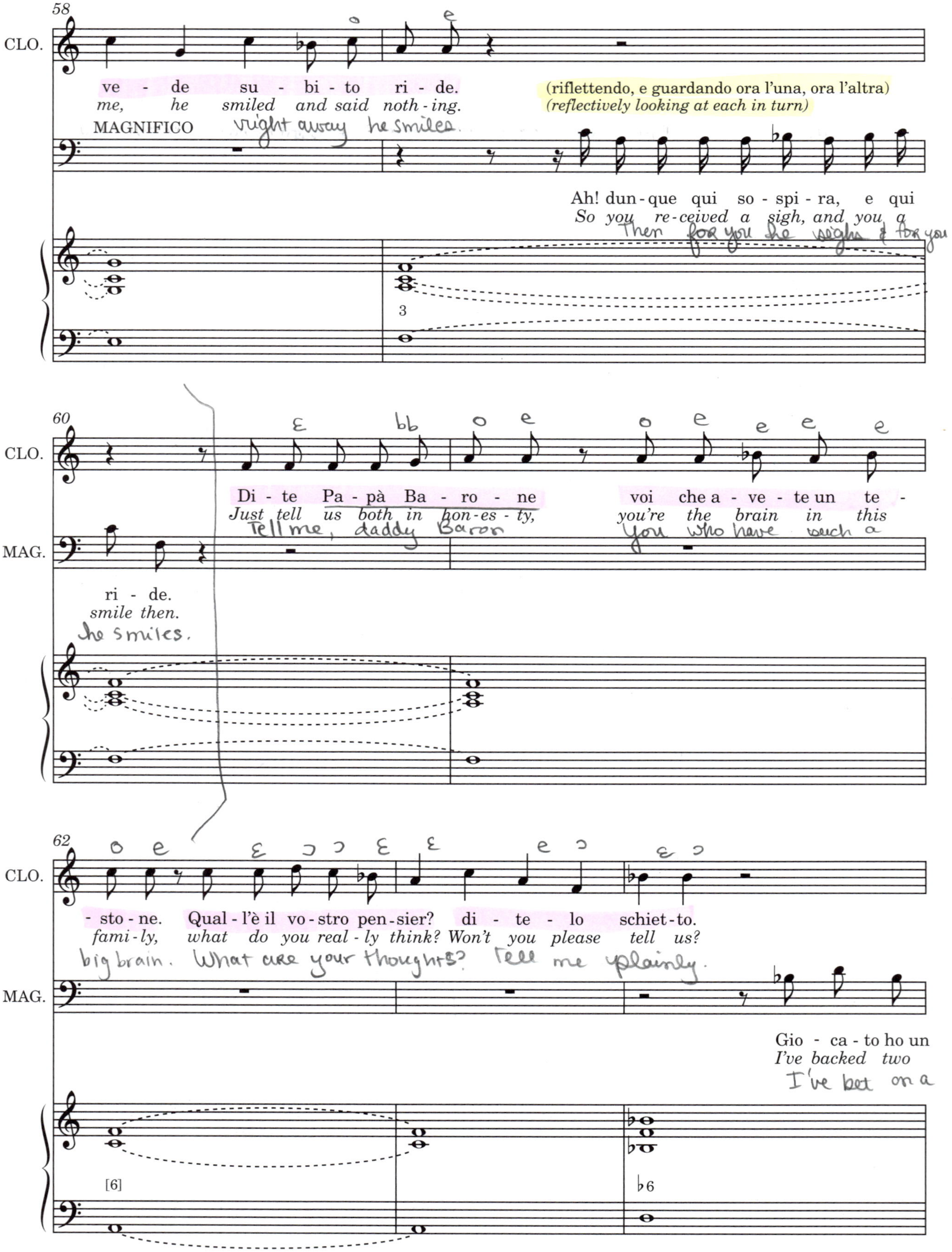
58
CLO.
ve - de su - bi - to ri - de.
me, he smiled and said noth - ing.
(riflettendo, e guardando ora l'una, ora l'altra)
(reflectively looking at each in turn)
MAGNIFICO
Ah! dun - que qui so - spi - ra, e qui
So you re - ceived a sigh, and you a
3
60
CLO.
Di - te Pa - pà Ba - ro - ne voi che a - ve - te un te -
Just tell us both in hon - es - ty, you're the brain in this
MAG.
ri - de.
smile then.
62
CLO.
- sto - ne. Qual - l'è il vo - stro pen - sier? di - te - lo schiet - to.
fami - ly, what do you real - ly think? Won't you please tell us?
MAG.
Gio - ca - to ho un
I've backed two
[6]
♭6

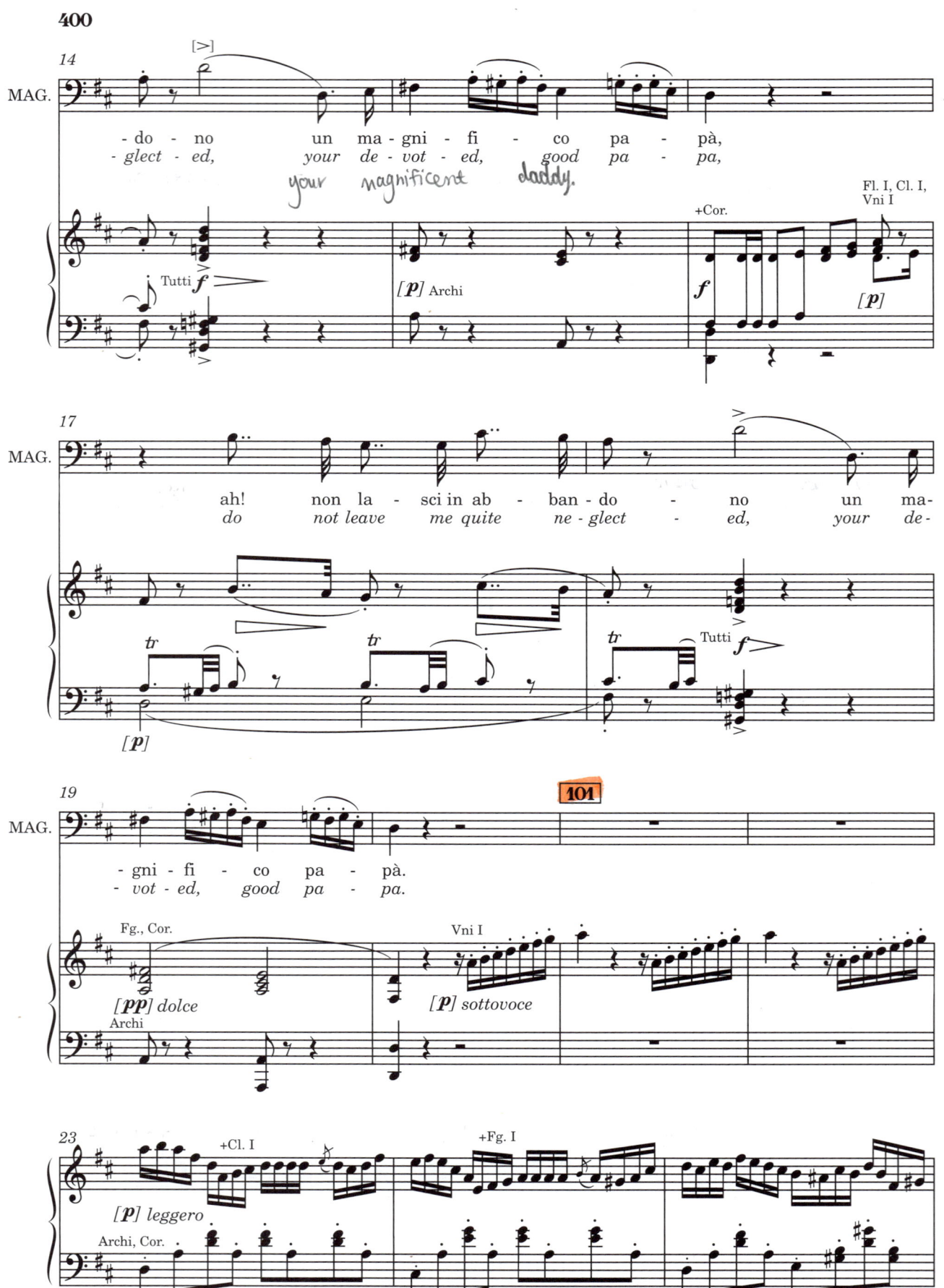

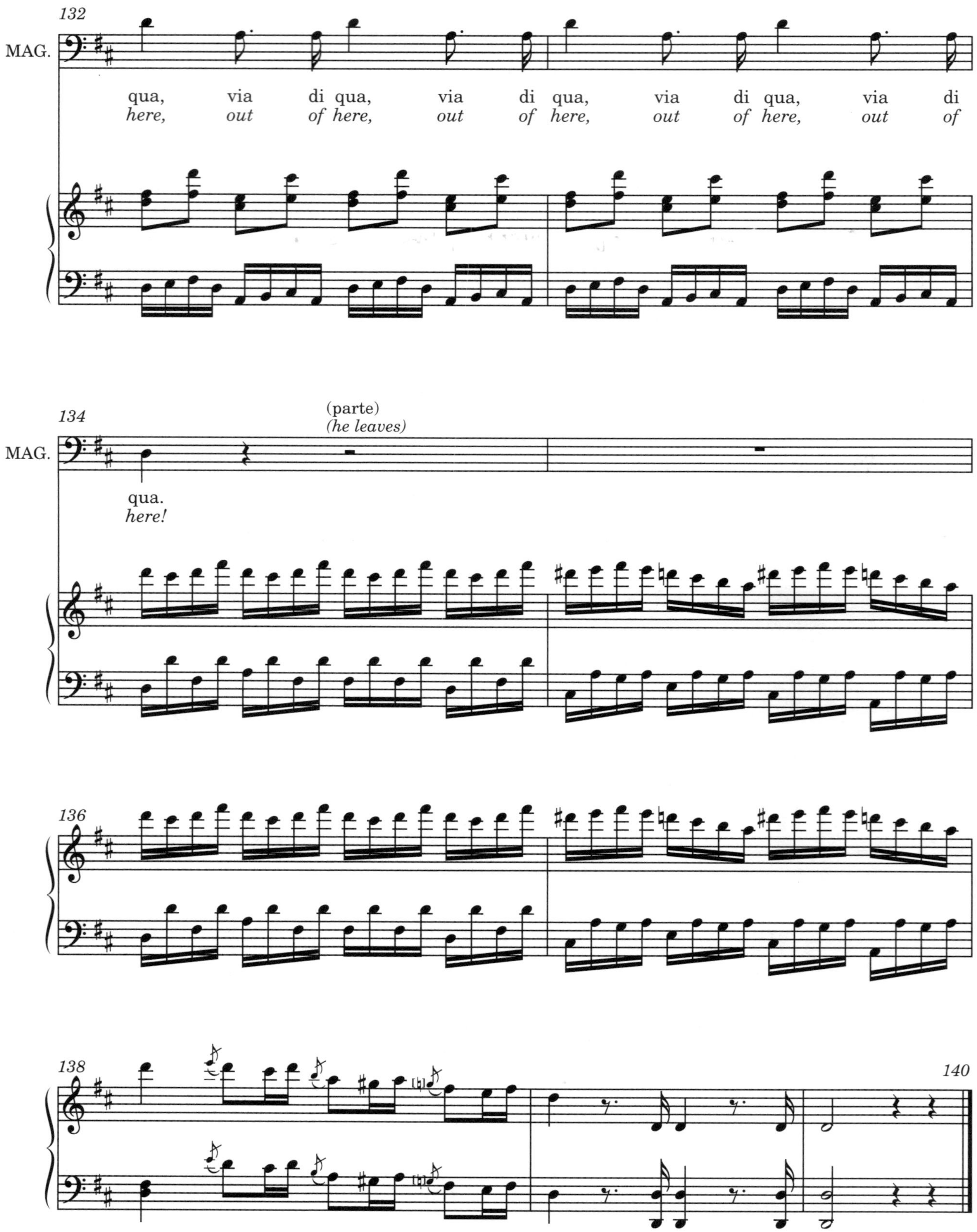
132
MAG.
qua, via di qua, via di qua, via di qua, via di
here, out of here, out of here, out of here, out of
134
(parte)
(he leaves)
MAG.
qua.
here!
136
138
140

Exit

SCENA II

(Ramiro, indi Cenerentola fuggendo da Dandini poi Alidoro in disparte)

SCENE II

(Ramiro, later Cenerentola fleeing Dandini, then Alidoro aside)

Ah! Questa bella incognita con quella somiglianza all'infelice, che mi colpì stamane, mi va destando in petto certa ignota premura... Anche Dandini ne sembra innamorato. Eccoli: udirli or qui potrò celato.

That lovely unknown lady has a curious resemblance to that poor servant, the girl I saw this morning. And now that unknown lady haunts my mind like a vision... I think Dandini is also quite in love. Here he comes; I'll hide myself and see what happens.

(si nasconde) / (he hides)

---

* Accogliendo il taglio, si cambia il Basso in *re²* [♭6], legato a 8.

* *When making the cut, change the Bass to D [♭6] tied to 8.*

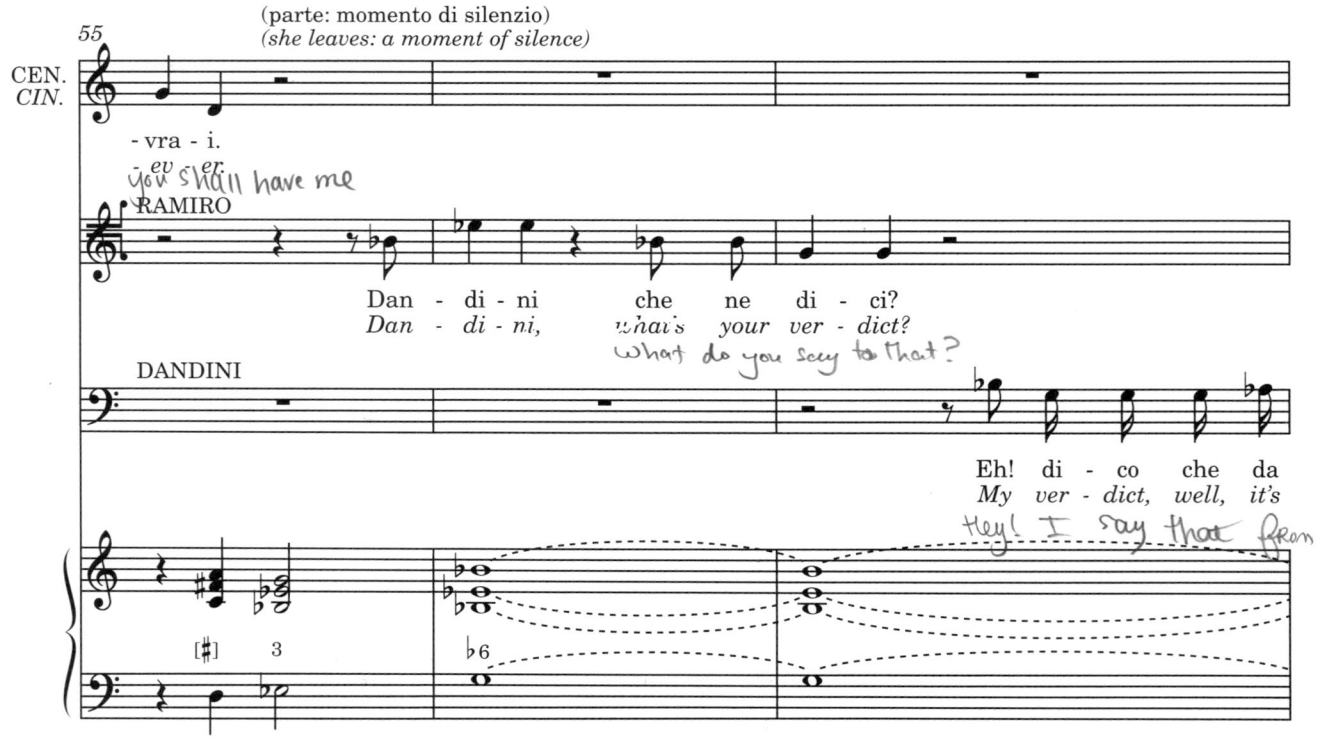
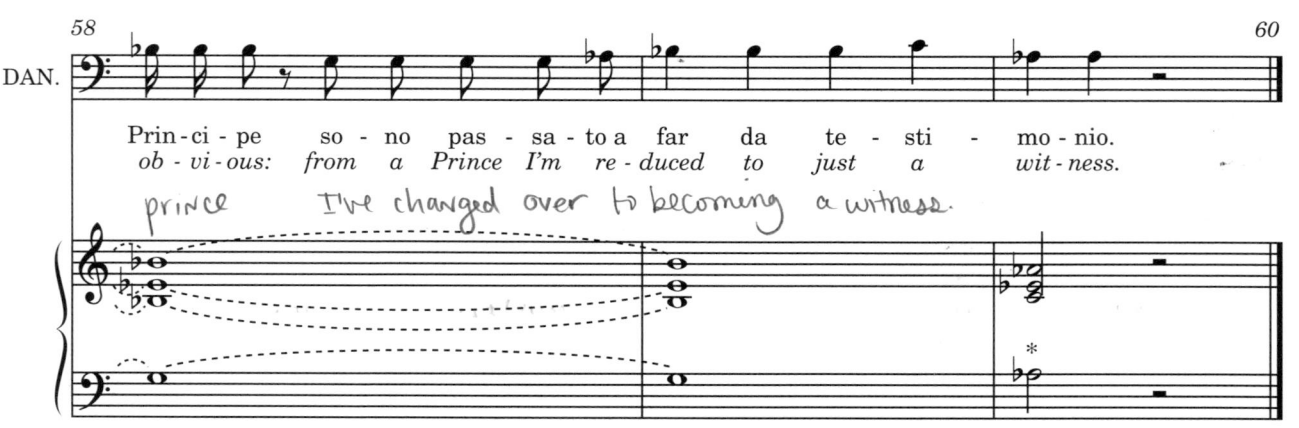

Segue Scena ed Aria Ramiro
Segue Scene and Aria Ramiro

* Vedi Note.
  See Notes.

N. 10
Recitativo e Aria Ramiro

N. 10
Recitative and Aria Ramiro

433

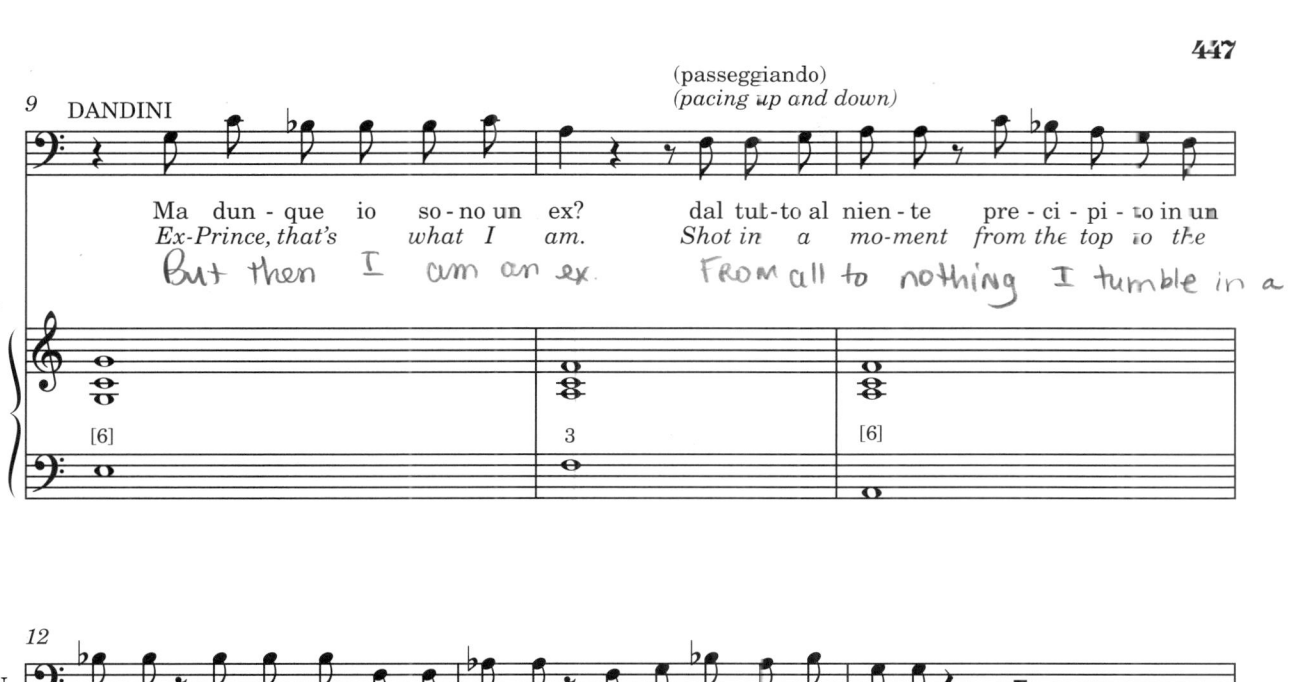
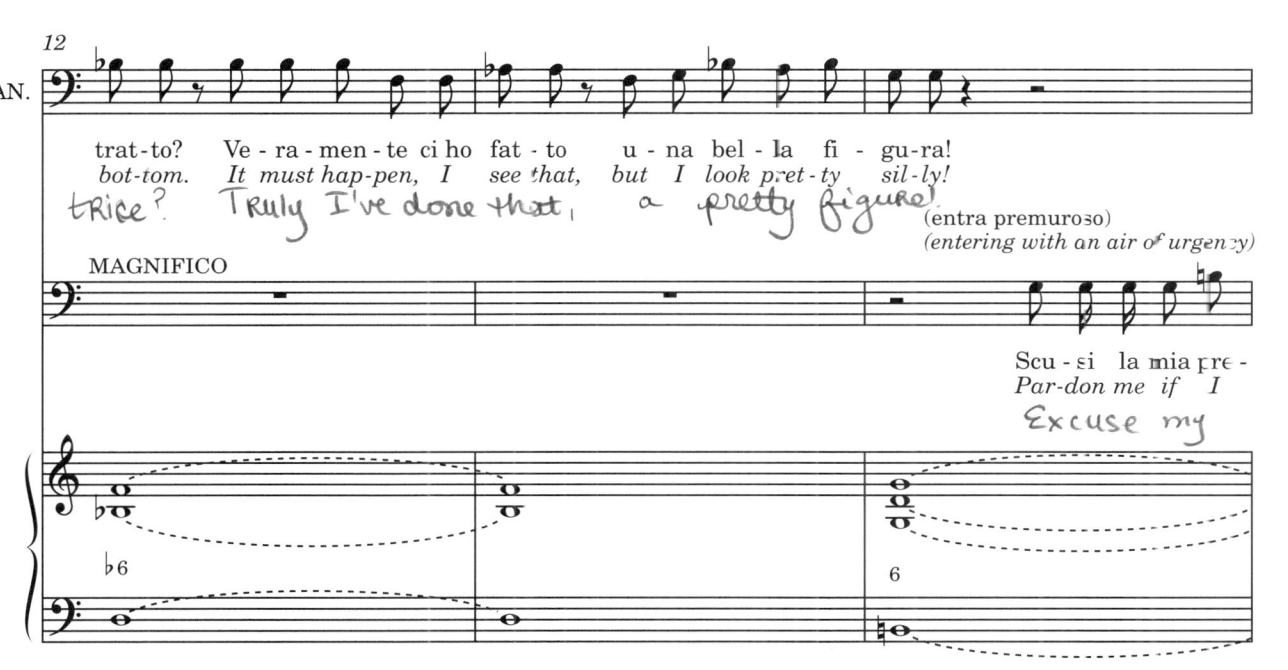
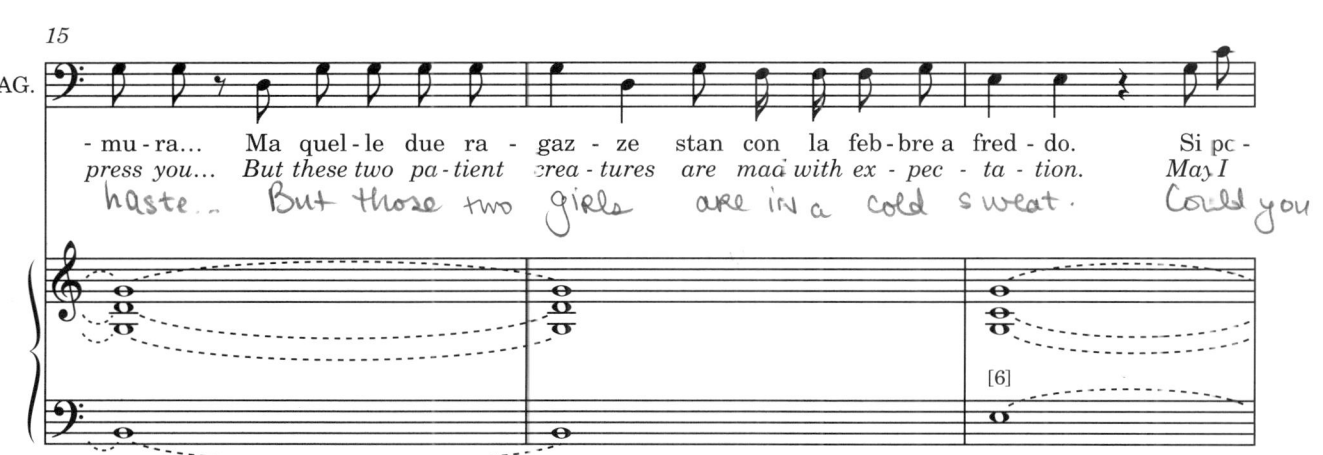

N. 11
DUETTO
[Dandini - Magnifico]

N. 11
DUET
[Dandini - Magnifico]

[Recitativo] Dopo il Duetto di Dandini - Magnifico

SCENA IV
(Alidoro solo)

[Recitative] After the Duet of Dandini - Magnifico

SCENE IV
(Alidoro alone)

ALIDORO: Mi seconda il destino. Amor pie-
This is just as I planned it. Cupid will

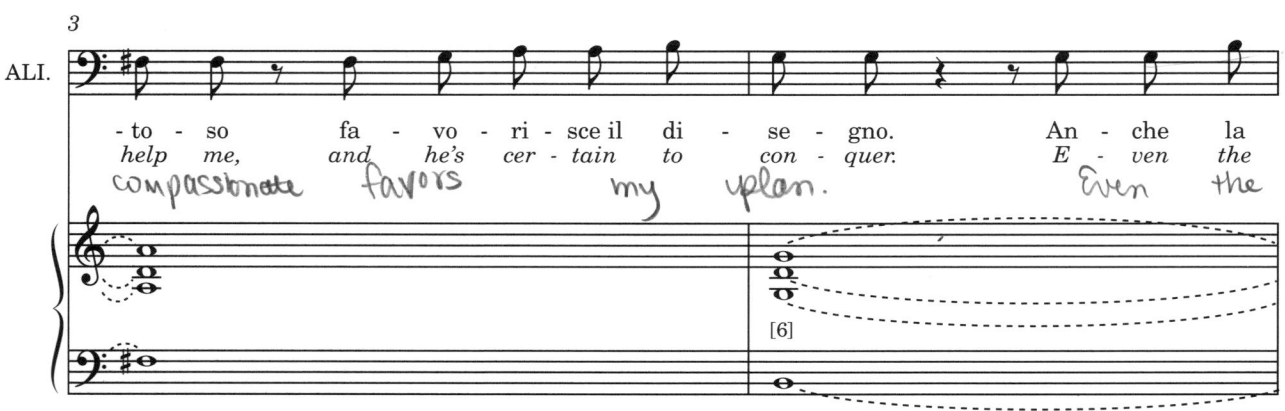

-toso favorisce il disegno. Anche la
help me, and he's certain to conquer. Even the

notte procellosa, ed oscura rende più natu-
darkness is a point in my favour. I can control this

N. 12
CANZONE [CENERENTOLA]

SCENA V

(Sala terrena con Camino in Casa di Magnifico)
(Cenerentola nel solito abito accanto al fuoco)

N. 12
CANZONE [CINDERELLA]

SCENE V

(Ground floor room with fireplace in Magnifico's House)
(Cinderella in her usual clothes beside the fire)

[Recitativo] Dopo la Canzone | [Recitative] After the Canzone

SCENA VI
(Don Magnifico, Clorinda, Tisbe, e detta)

SCENE VI
(Don Magnifico, Clorinda, Tisbe, and the same)

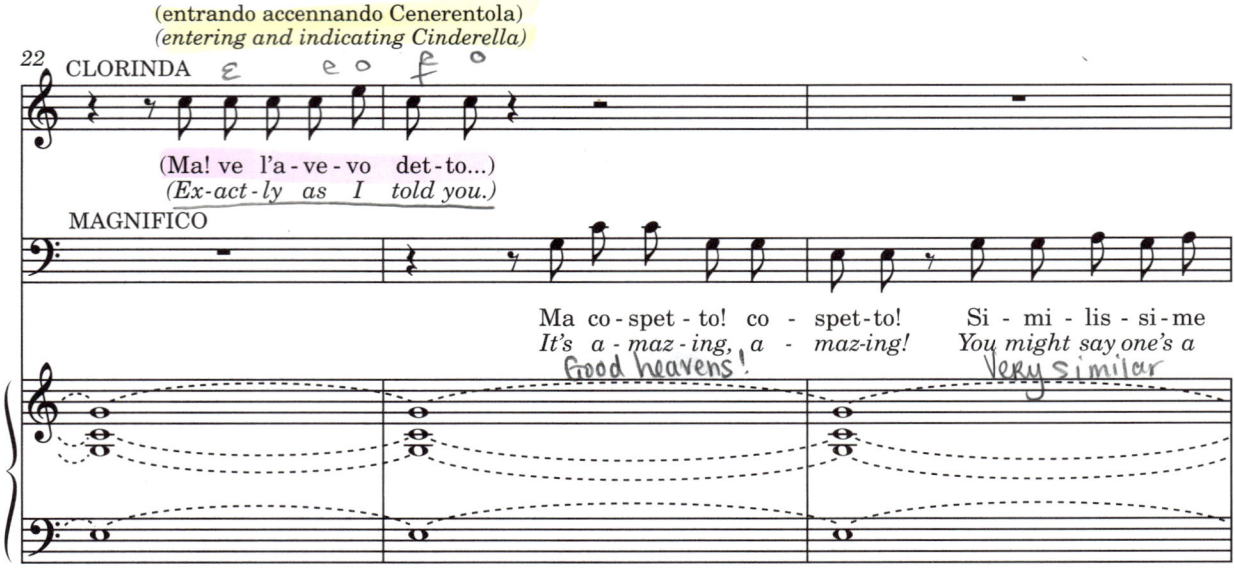

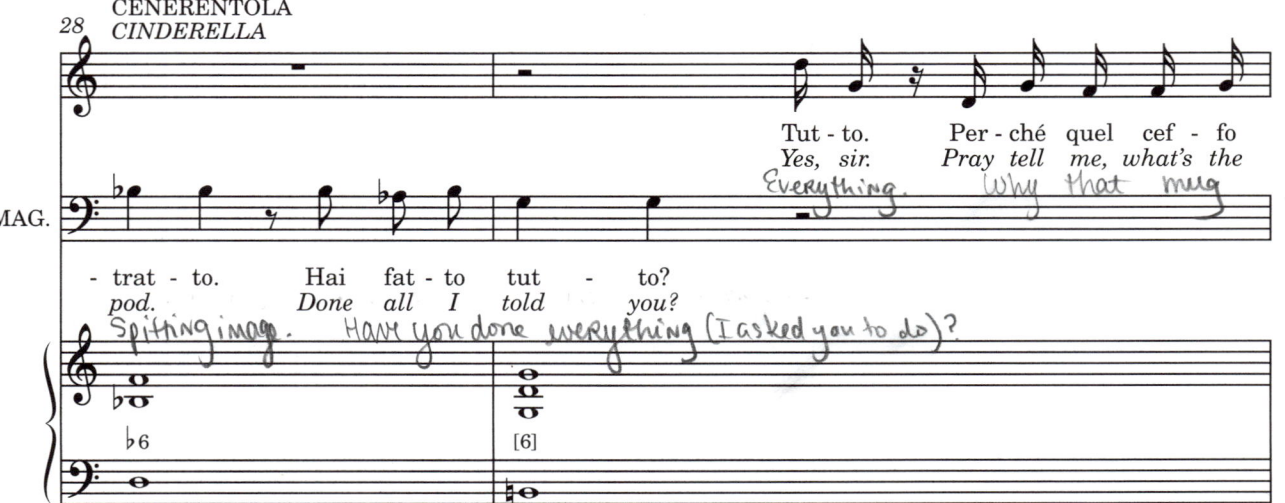

* Vedi Note.
  See Notes.

[Segue] Temporale
[Segue] Storm

N. 13 TEMPORALE

N. 13 STORM

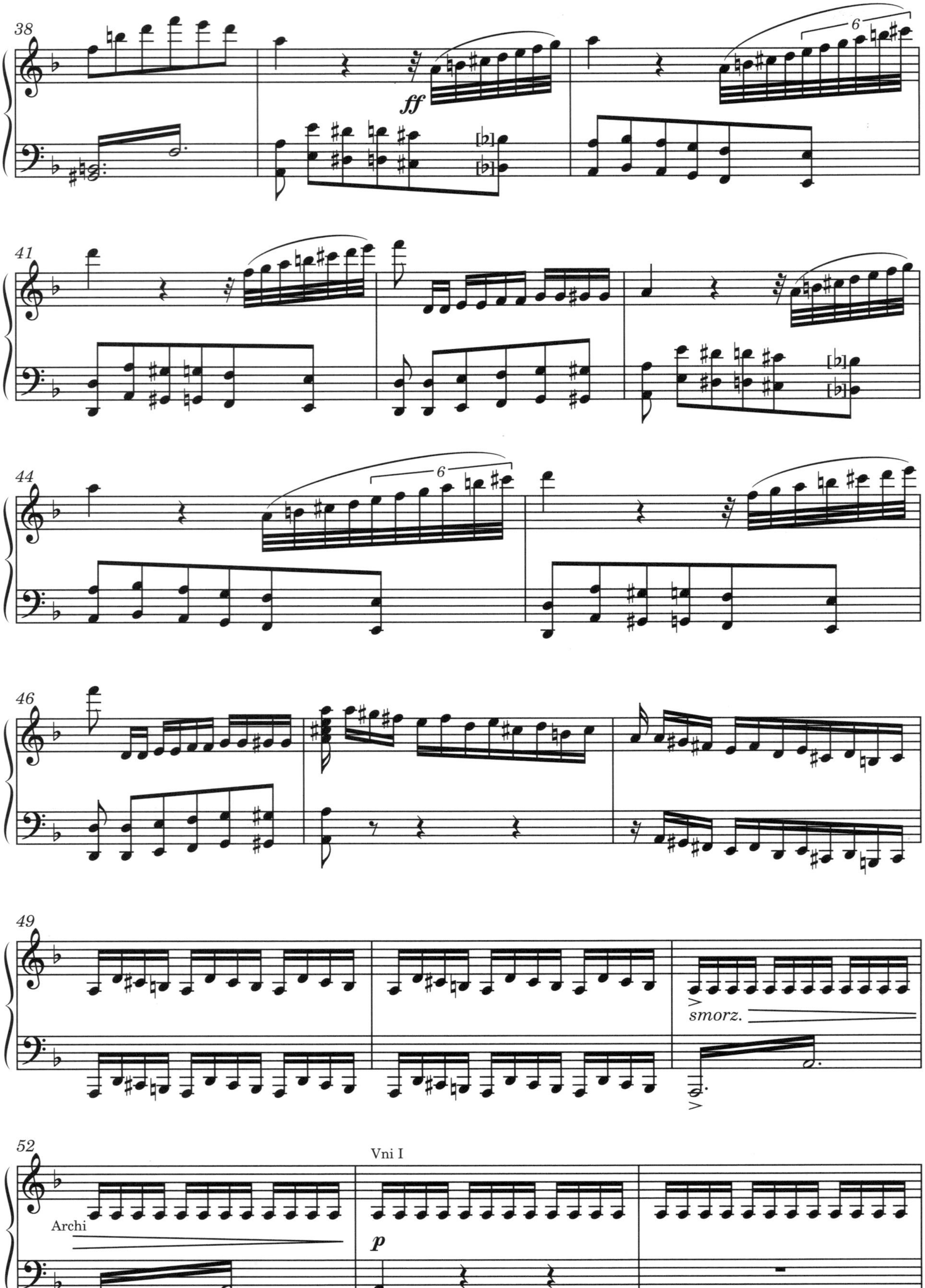
38
6
ff
41
44
6
46
49
smorz.
52
Vni I
Archi
p

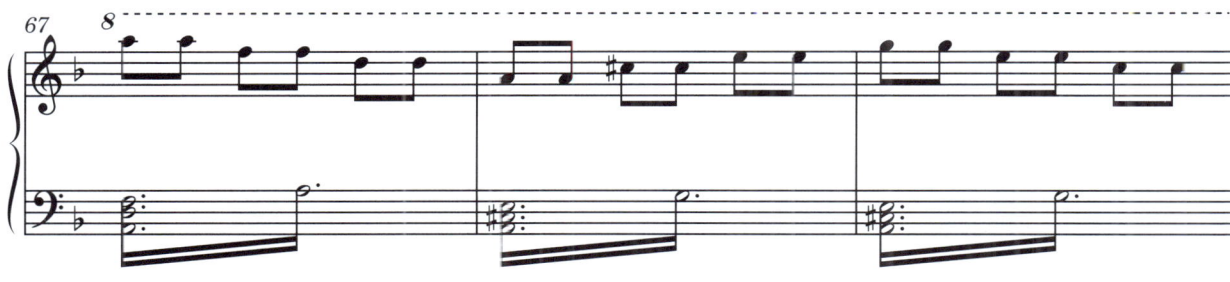

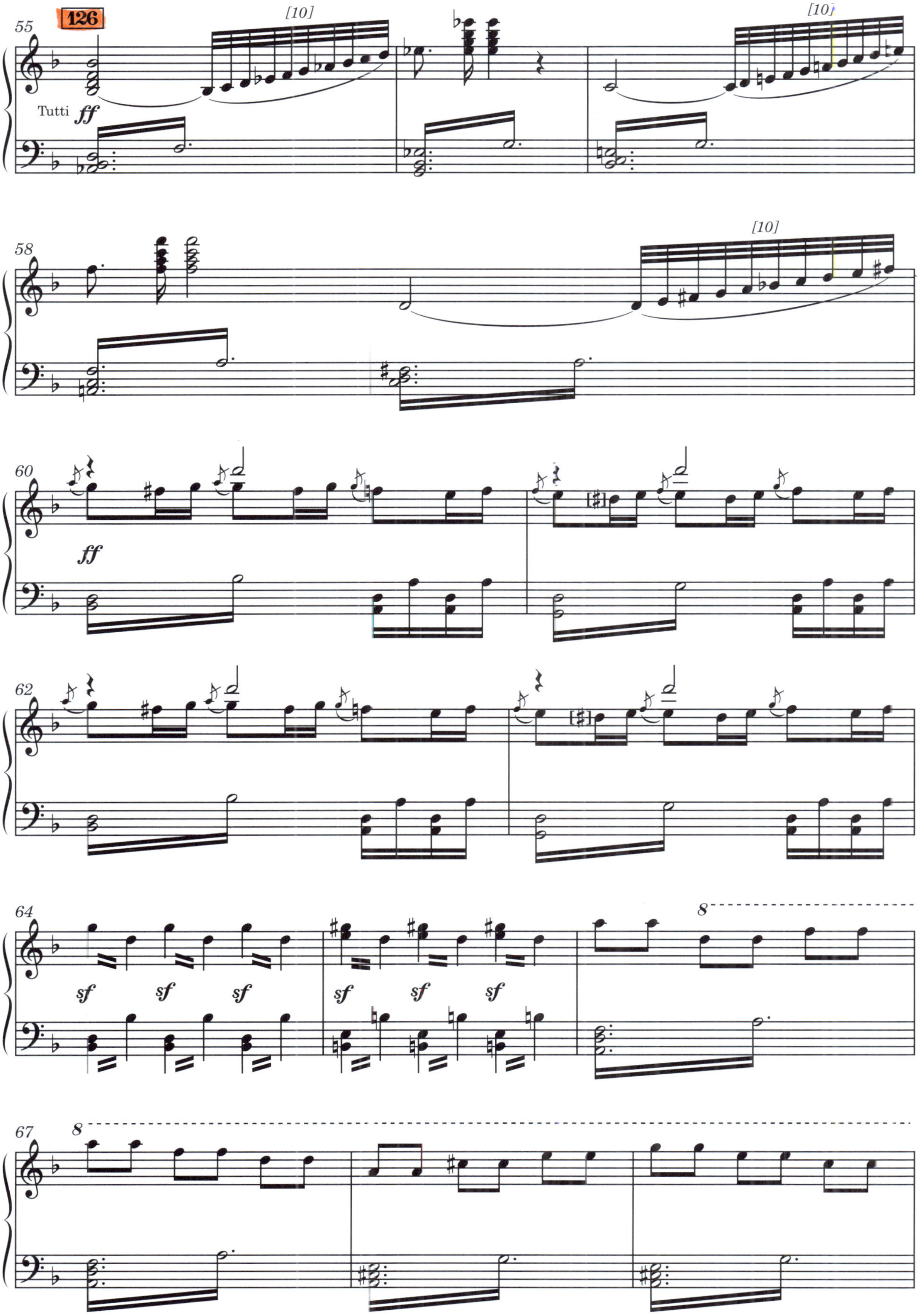
126
Tutti
ff
[10]
[10]
[10]
ff
sf
sf
sf
sf
sf
sf
8

486

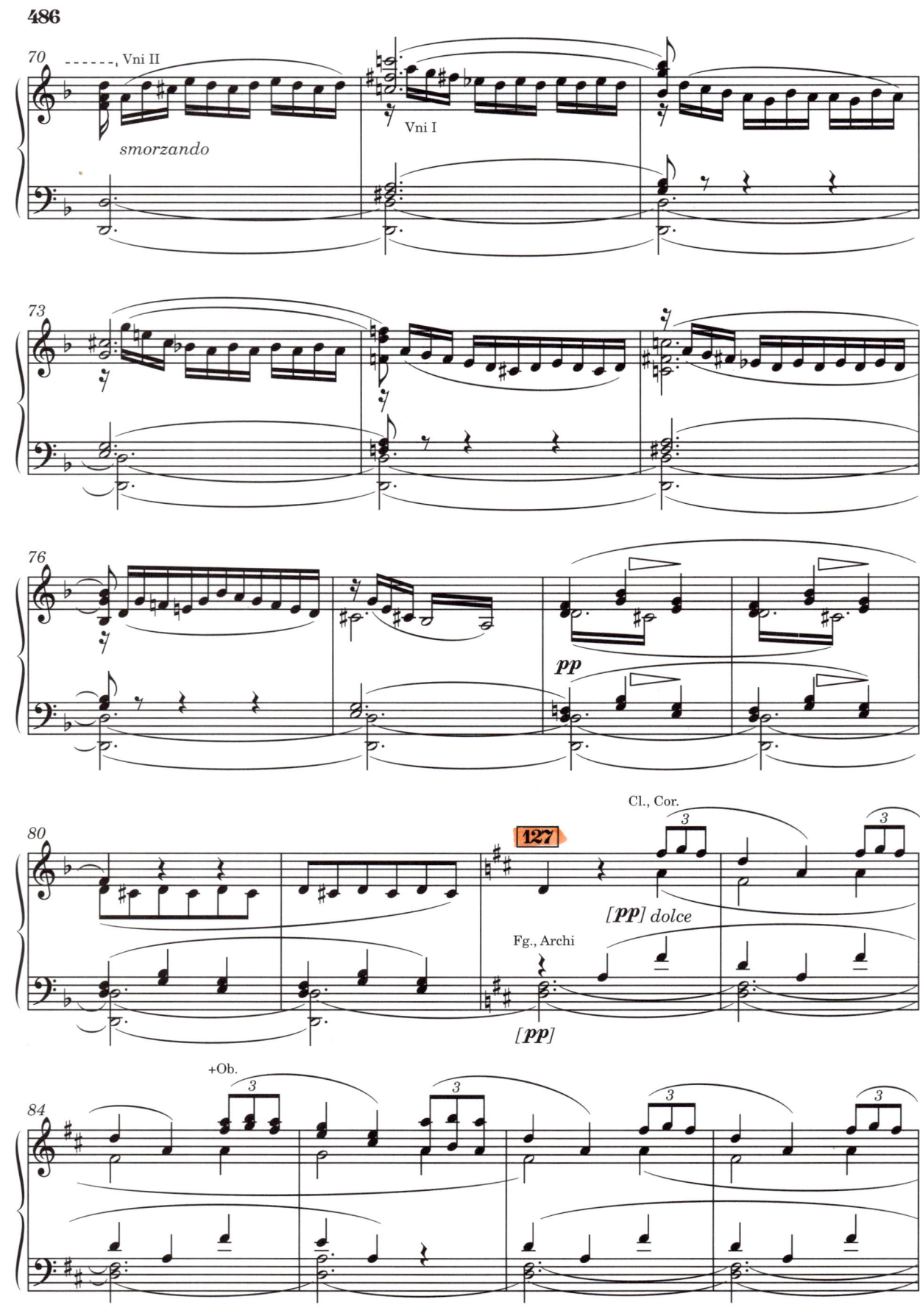

Segue Recitativo Parlante
Segue Unaccompanied Recitative

[Recitativo] Dopo il Temporale
SCENA VII

(Don Magnifico, Tisbe, Clorinda, indi Ramiro da Principe, e Dandini)

[Recitative] After the Storm
SCENE VII

(Don Magnifico, Tisbe, Clorinda, later Ramiro dressed as a Prince, and Dandini)

DANDINI: Scusate Amici. La Carrozza del Principe ribaltò... ma chi vedo?
Sir, please excuse me, but His Highness's carriage has overturned... Oh good heavens!
(Excuse us, friends, but the carriage of the Prince overturned...but whom do I see?)

(riconoscendo Don Magnifico)
(recognizing Don Magnifico)

MAGNIFICO: Uh! Siete voi! Ma il Principe dov'è?
What, you again, sir! But tell me, where's the Prince?
(It's you! But the prince, where is he?)

DANDINI: Lo conoscete!
D'you recognise him!
(Don't you know him!)

(accennando a Ramiro)
(indicating Ramiro)

MAGNIFICO: Lo Scudiero? Ih! guardate.
His attendant? I'm bewildered.
(The squire? Oh, just look at this.)

RAMIRO: Si—
For—
(Sire,)

(rimanendo sorpreso)
(astonished)

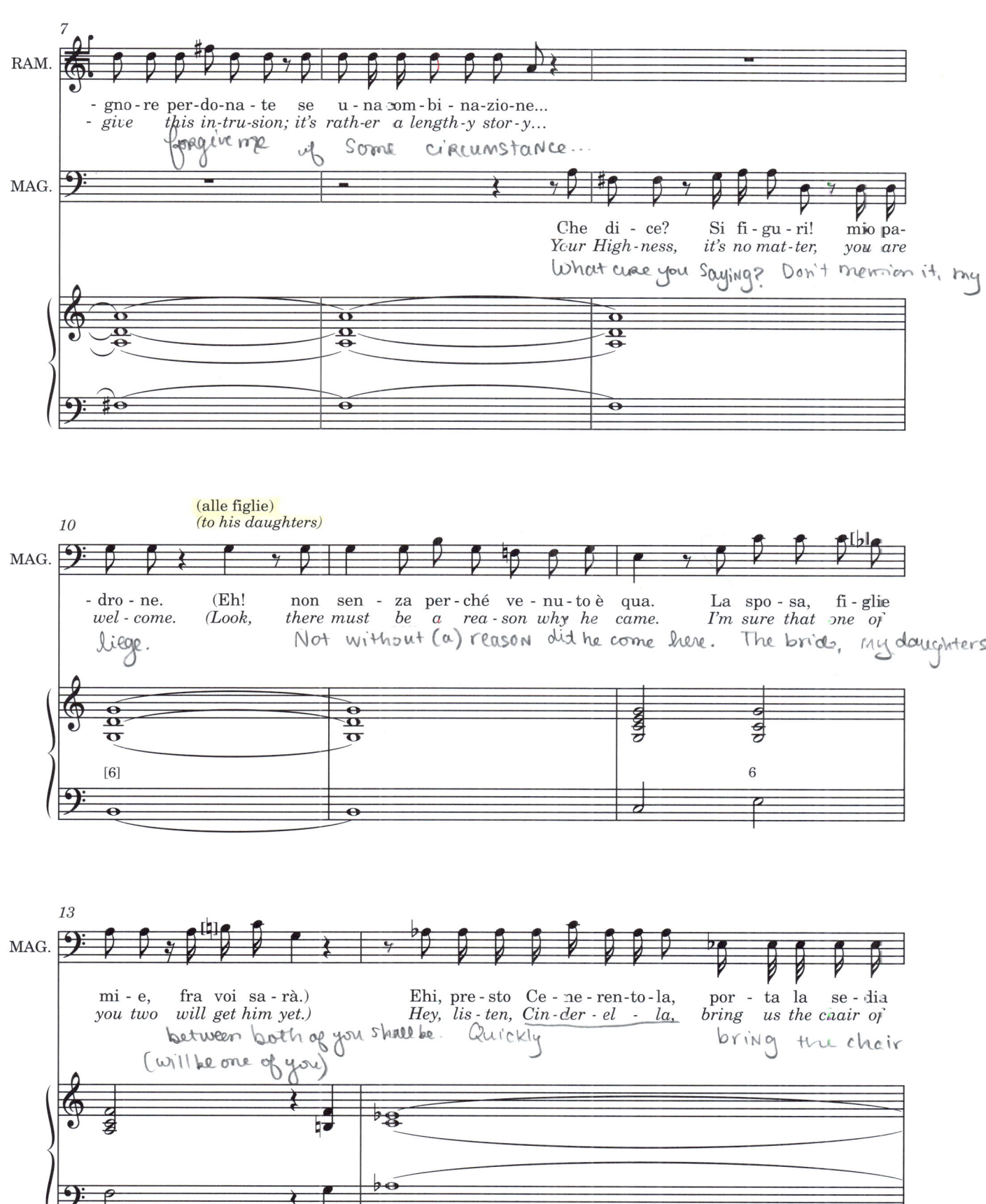

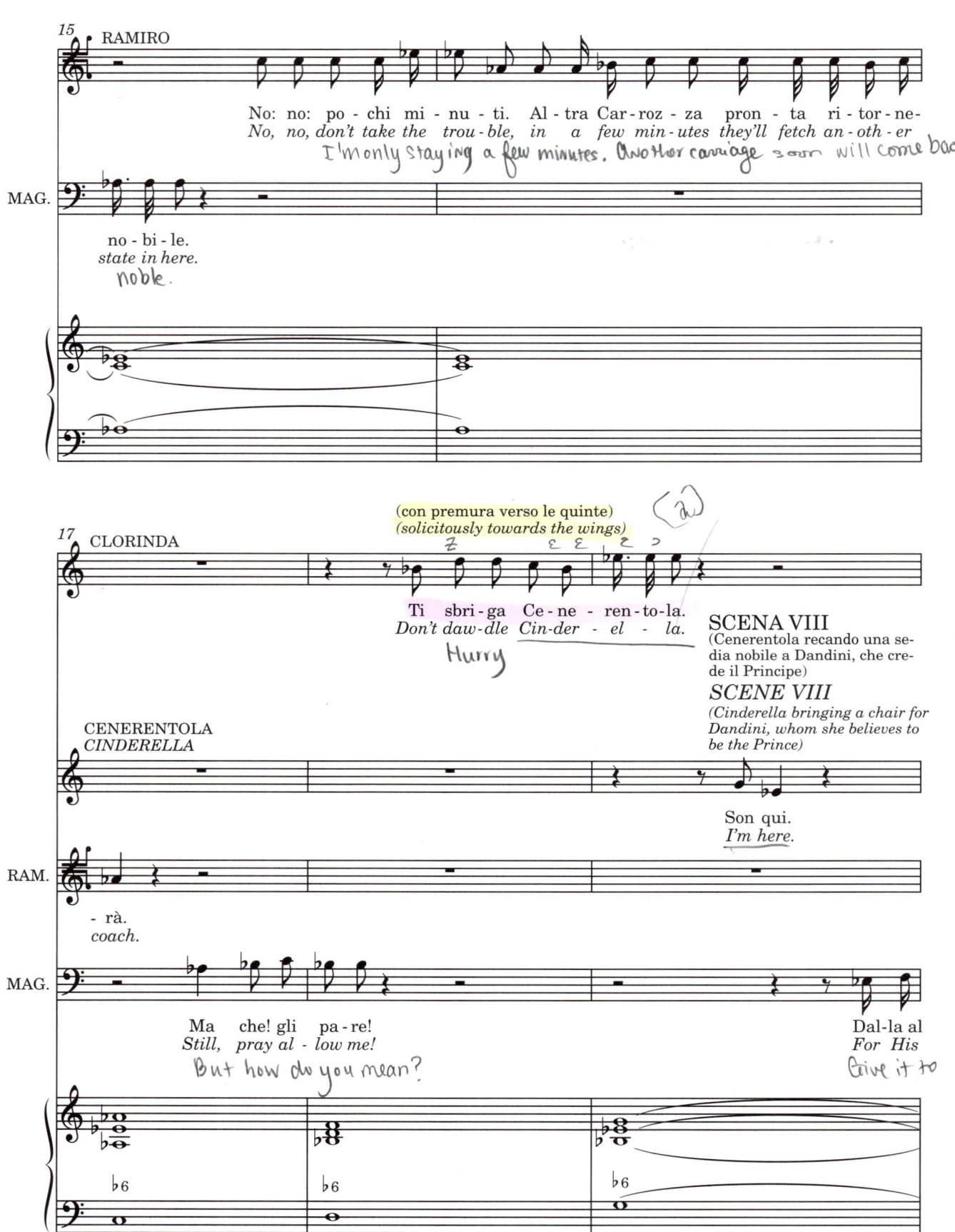

(sorpresa riconoscendo
(surprised to recognize
20
CEN.
CIN.
Que - sto!
This one!
MAG.
Prin - ci - pe be - stia, ec - co - lo lì.
High - ness, you stu - pid, he's stand - ing here.
the prince, imbecile, there he is.
per Principe Don Ramiro; si pone le mani sul volto, e vuol fuggire)
Don Ramiro as the Prince, she puts her hands on her face, and runs away)
22
CEN.
CIN.
Ah! che ve - do! Prin - ci - pe!
No, it can't be! He's the Prince!
what do I see! Prince!
RAMIRO
T'ar - re - sta.
One mo - ment.
Stay!
24
26
RAM.
Che! Lo Sma - ni - glio!.. è le - i.. che gio - ia è que - sta.
What! It's the brace-let!.. I've found her.. my search - ing is o - ver.
What! The bracelet! It's she. what joy is this.
Segue Sestetto
Segue Sextet

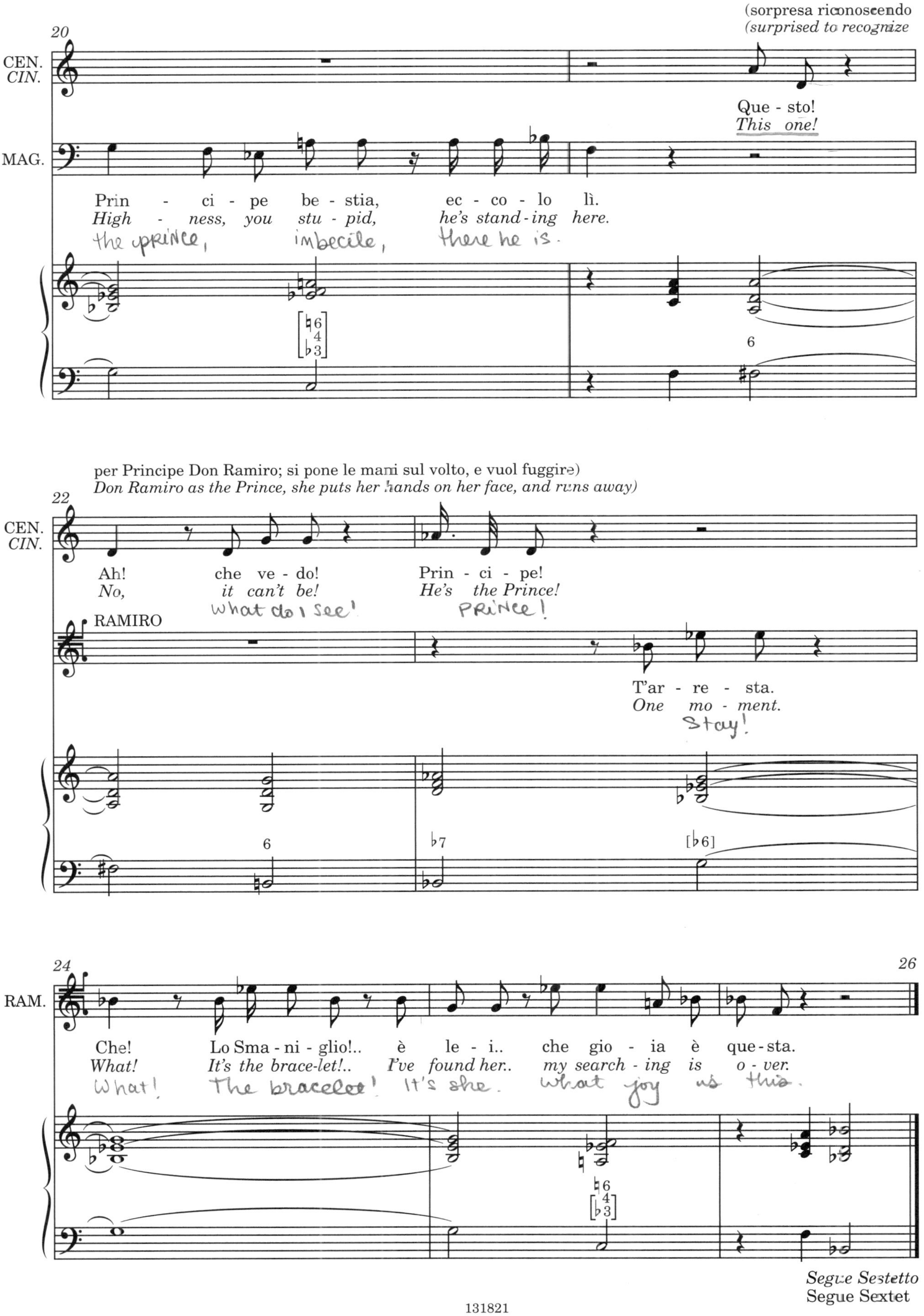

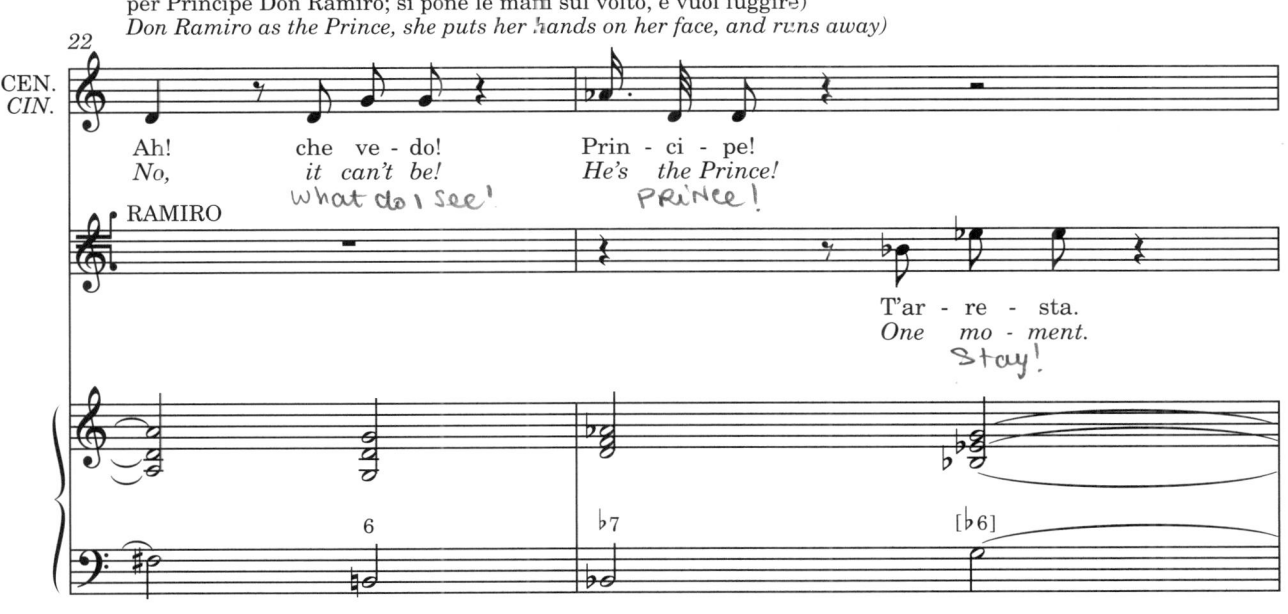

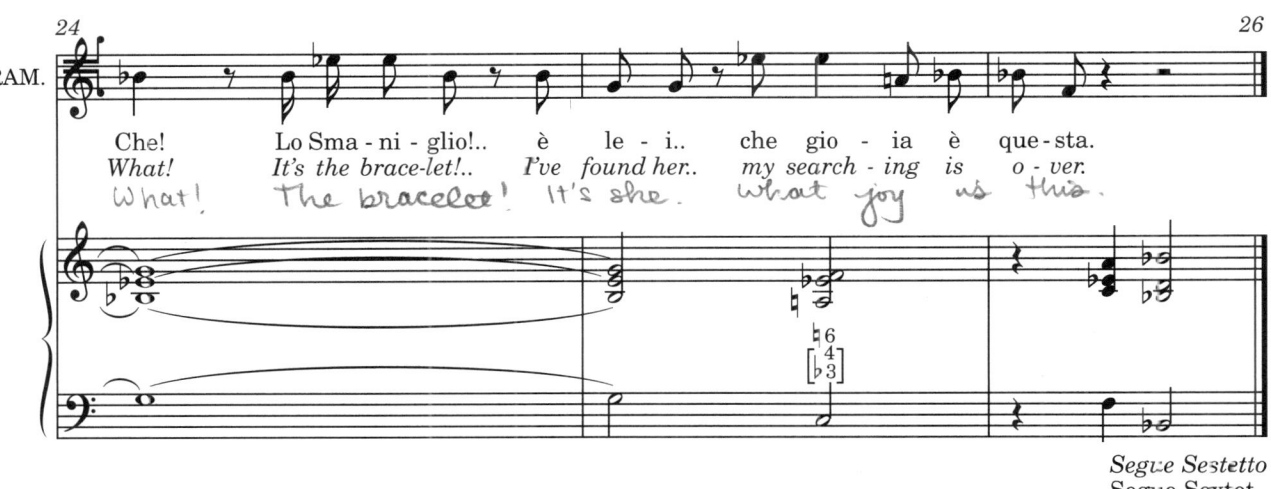

N. 14
SESTETTO / SEXTET

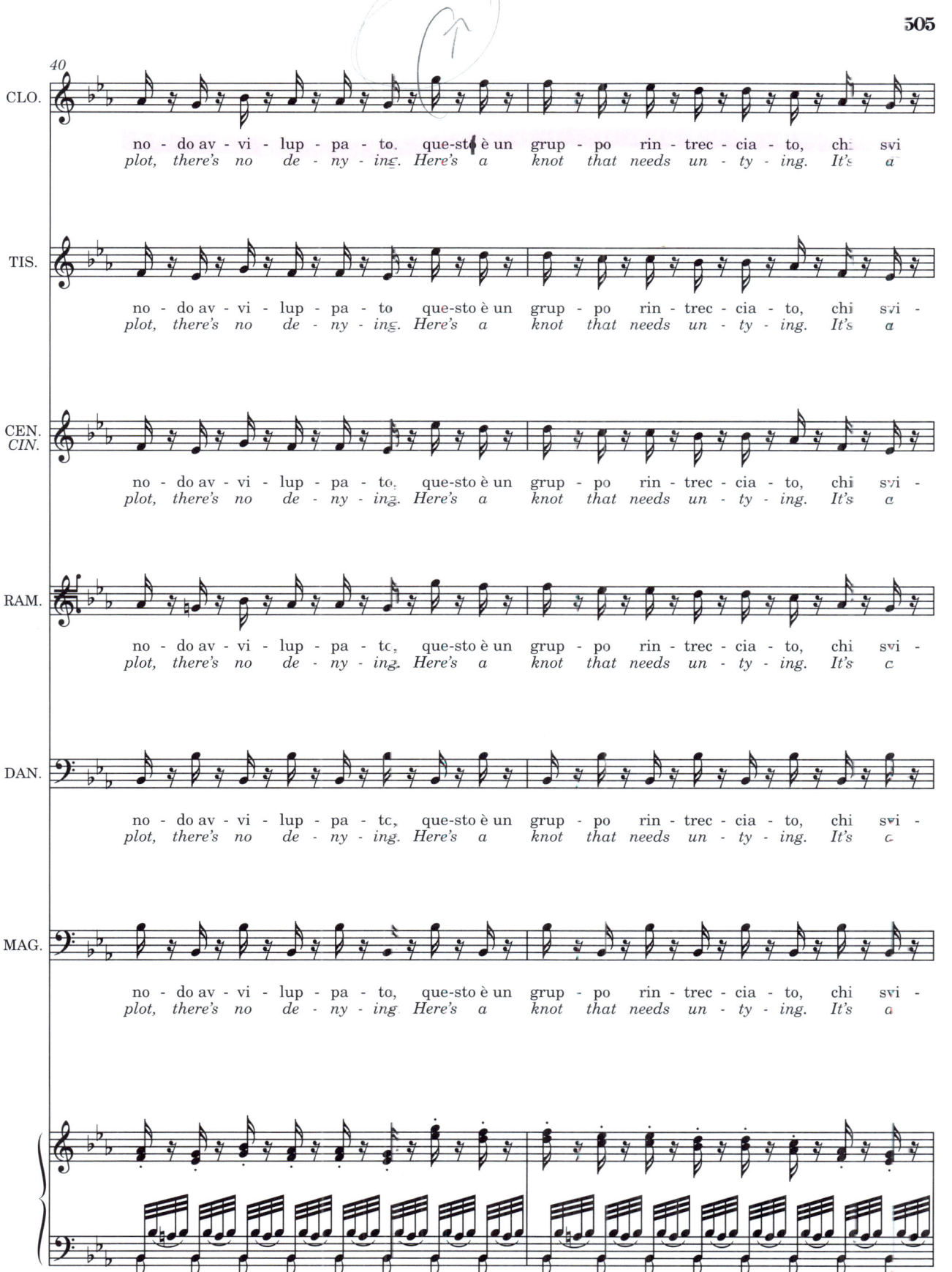

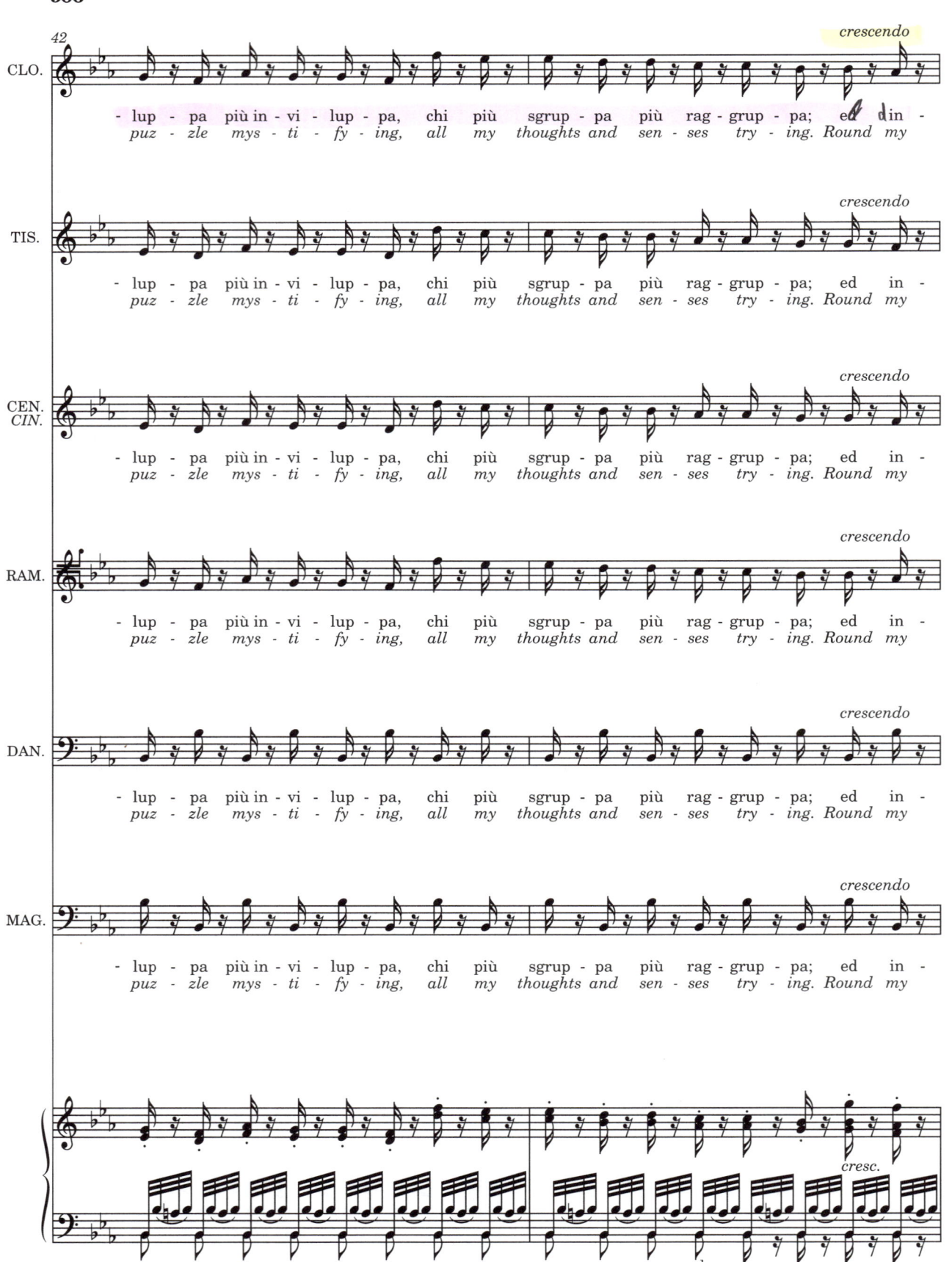

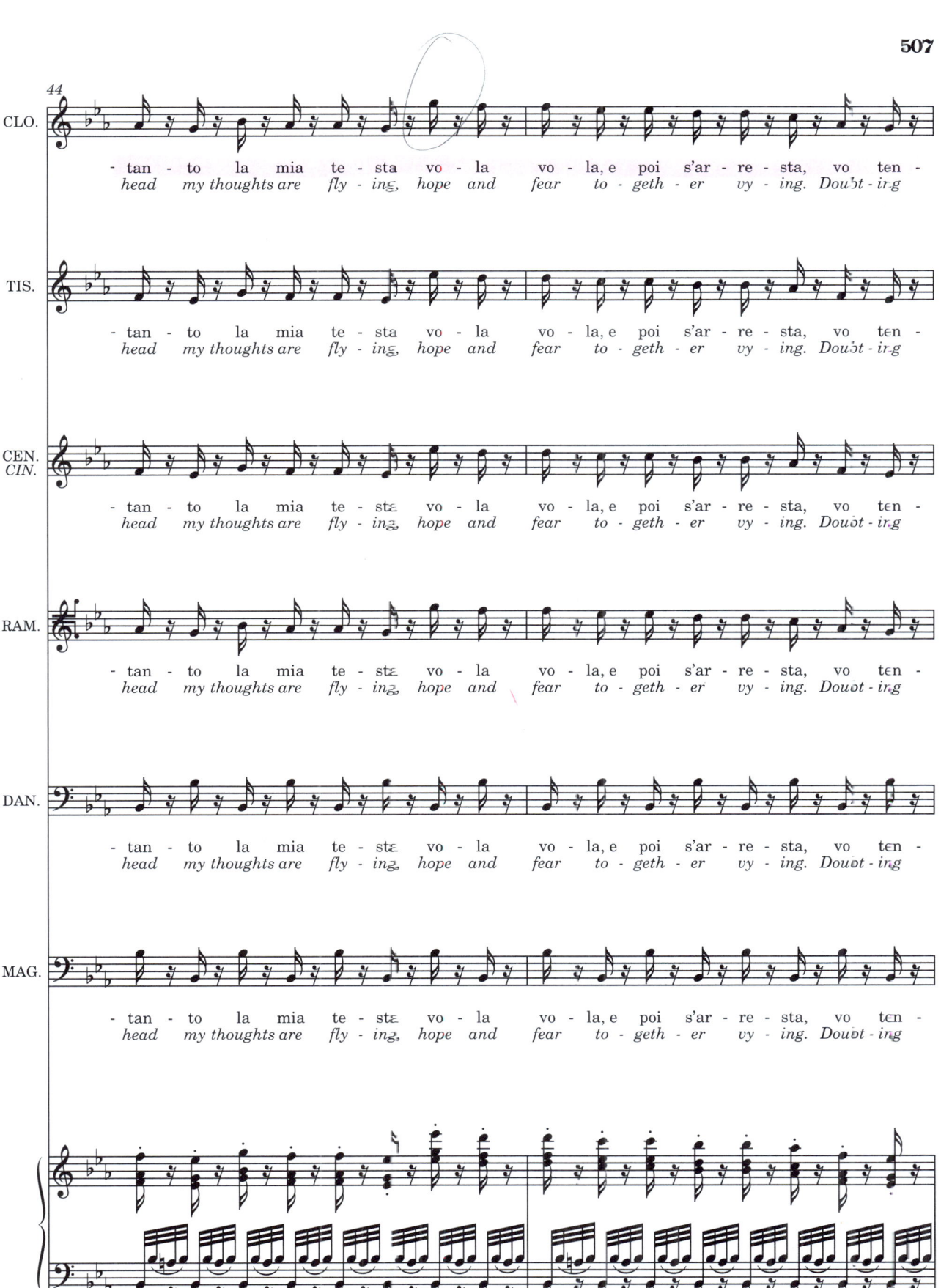

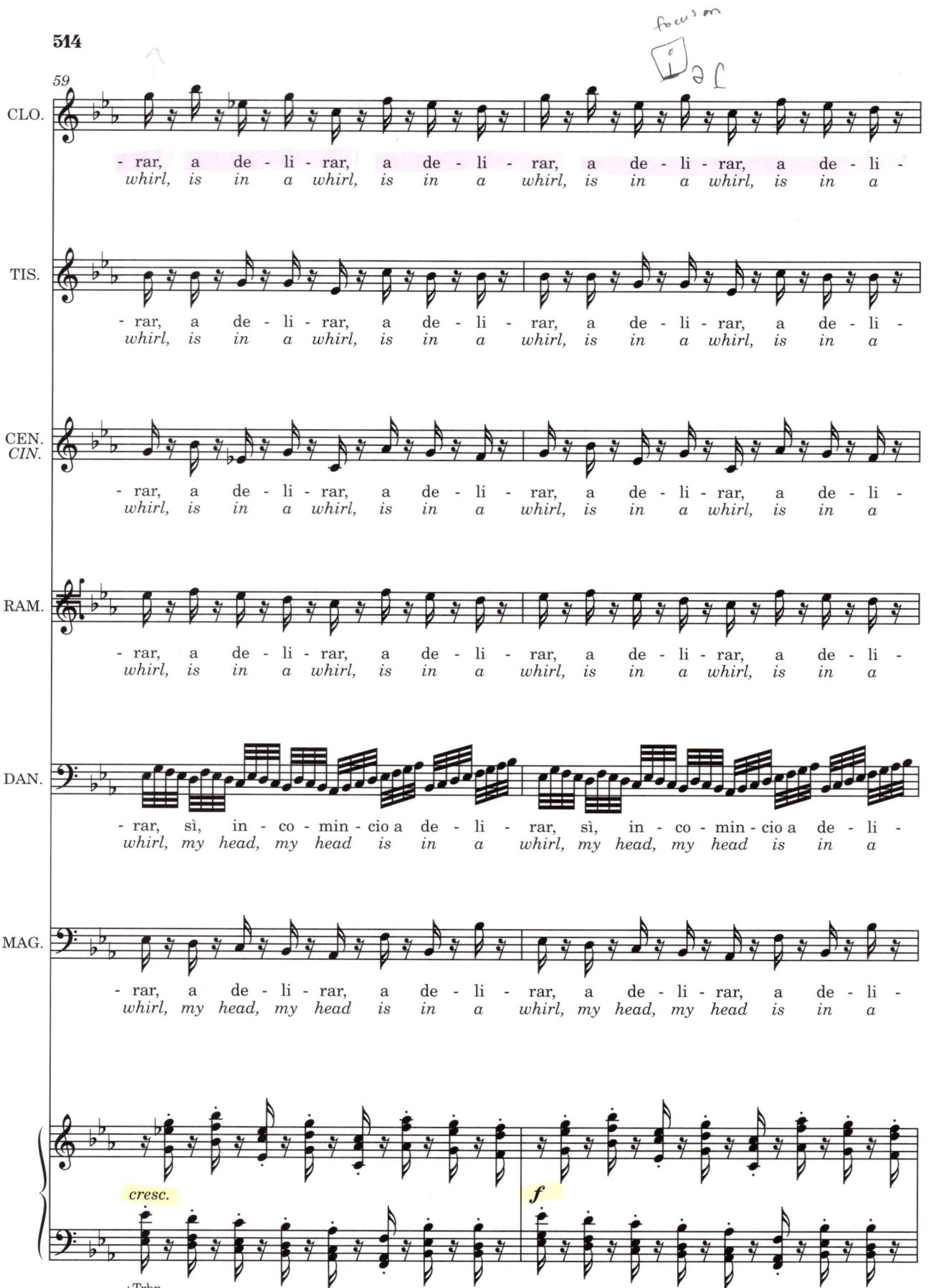

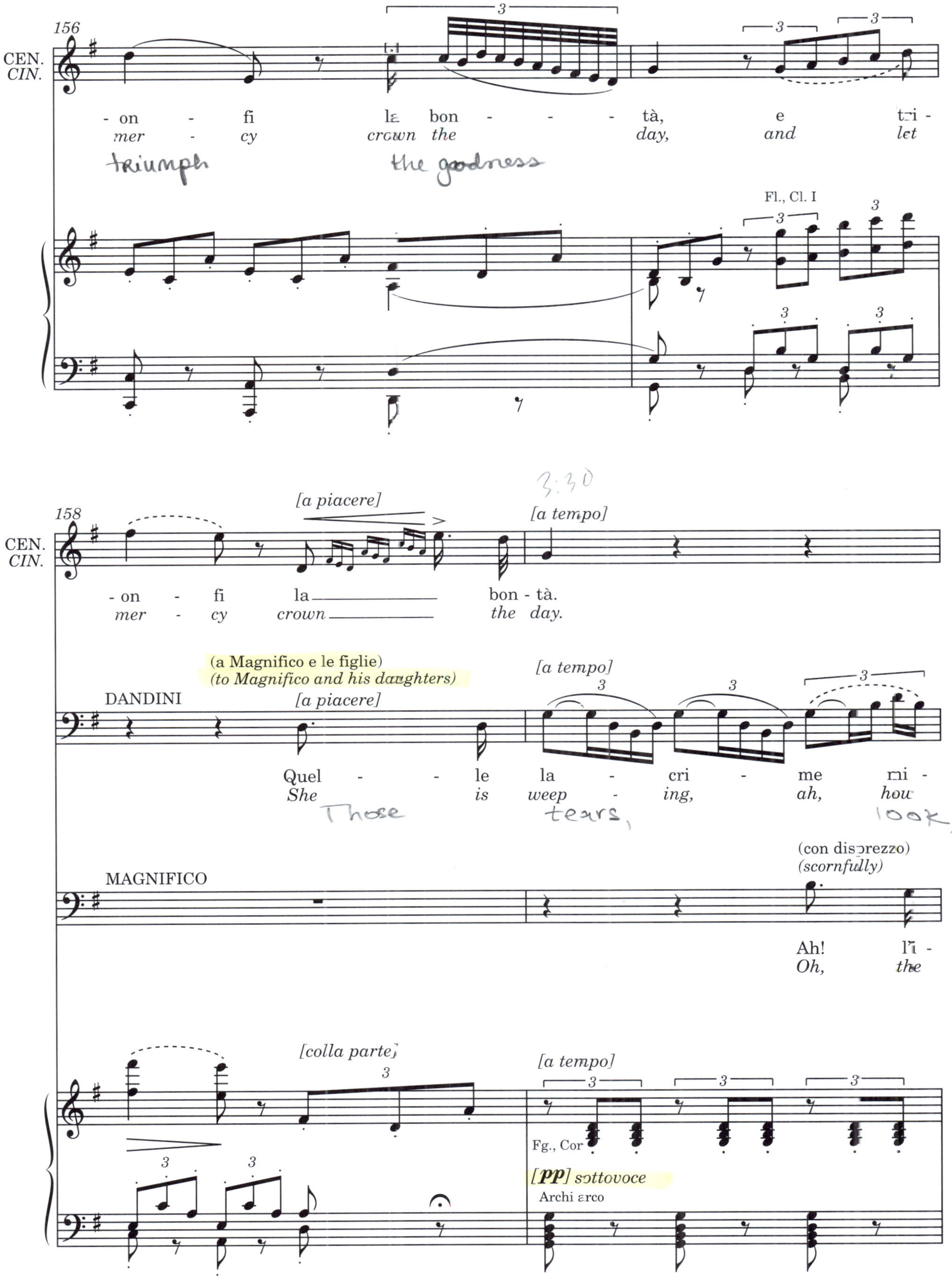
156
CEN.
CIN.
- on - fi la bon - - - tà, e tri -
mer - cy crown the day, and let
Fl., Cl. I
158
[a piacere]
[a tempo]
- on - fi la bon - tà.
mer - cy crown the day.
(a Magnifico e le figlie)
(to Magnifico and his daughters)
DANDINI
Quel - le la - cri - me mi -
She is weep - ing, ah, how
MAGNIFICO
(con disprezzo)
(scornfully)
Ah! l'i -
Oh, the
[colla parte]
Fg., Cor
[pp] sottovoce
Archi arco

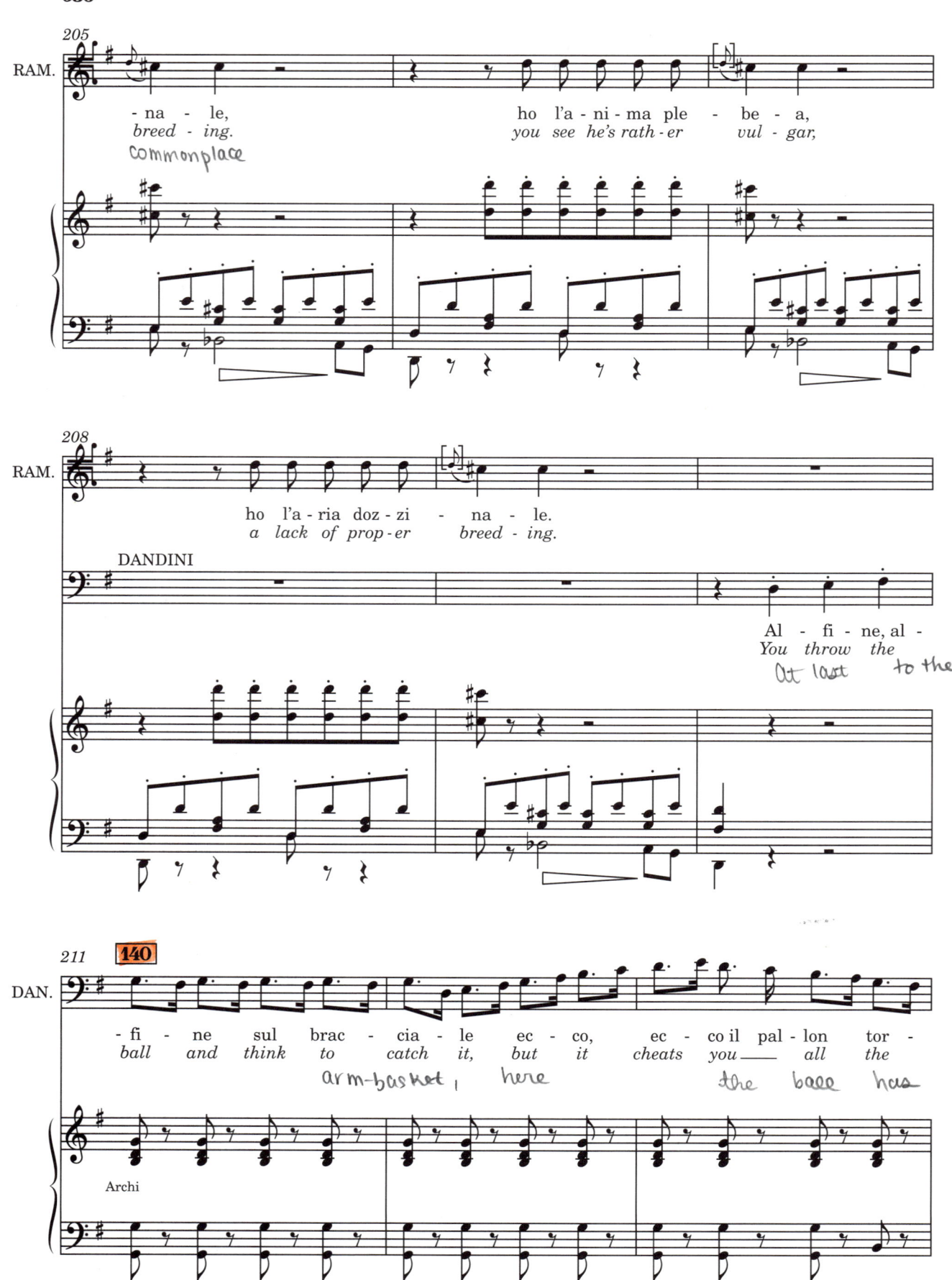

* **A**: Una mano più recente ha cancellato 234-236, sostituendole con la ripetizione di 232-233. Vedi Note.

* **A**: *A later hand canceled 234-236, replacing them with a repeat of 232-233. See Notes.*

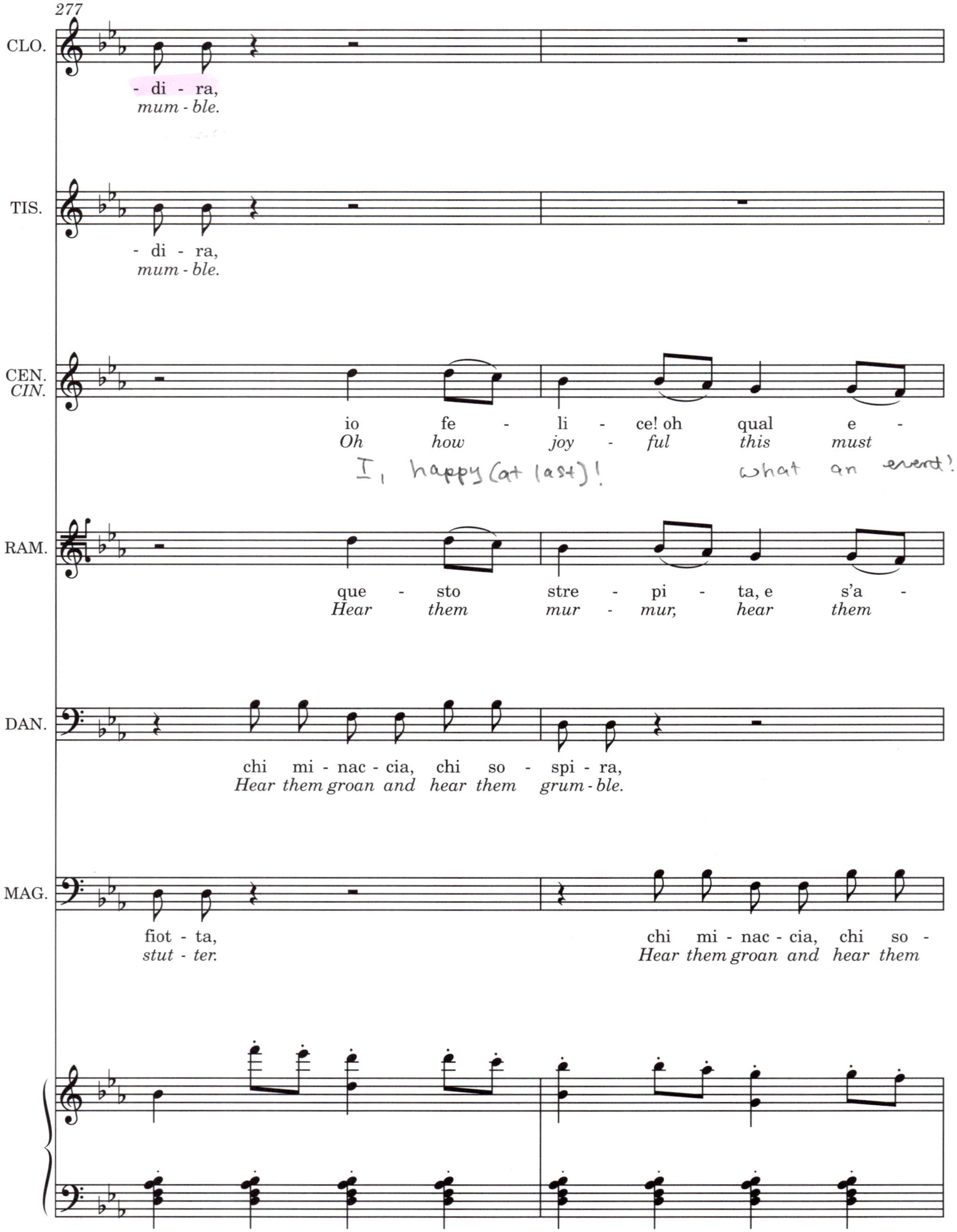
277
CLO.
- di - ra,
mum - ble.
TIS.
- di - ra,
mum - ble.
CEN.
CIN.
io fe - li - ce! oh qual e -
Oh how joy - ful this must
I, happy (at last)! what an event!
RAM.
que - sto stre - pi - ta, e s'a -
Hear them mur - mur, hear them
DAN.
chi mi - nac - cia, chi so - spi - ra,
Hear them groan and hear them grum - ble.
MAG.
fiot - ta,
stut - ter.
chi mi - nac - cia, chi so -
Hear them groan and hear them

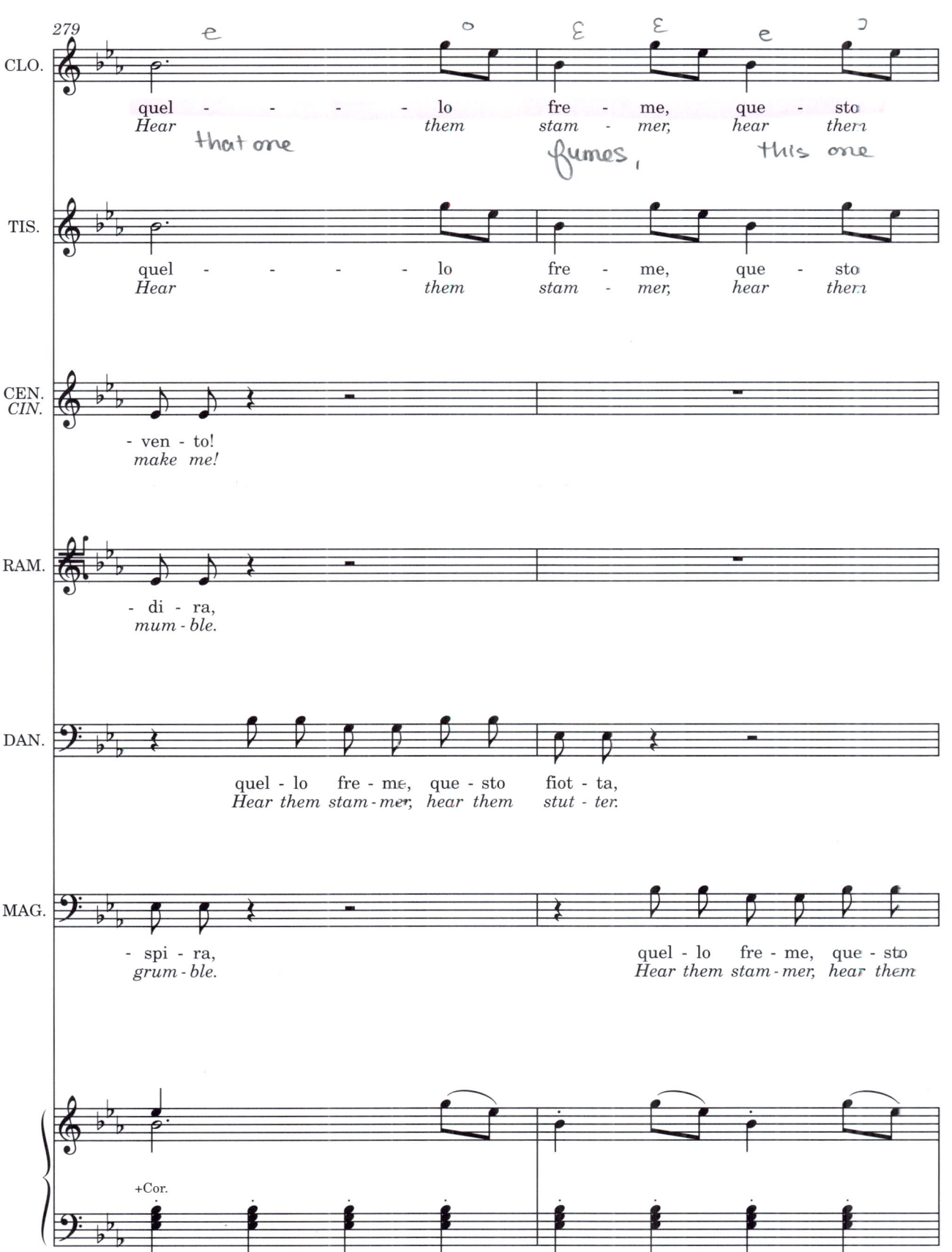

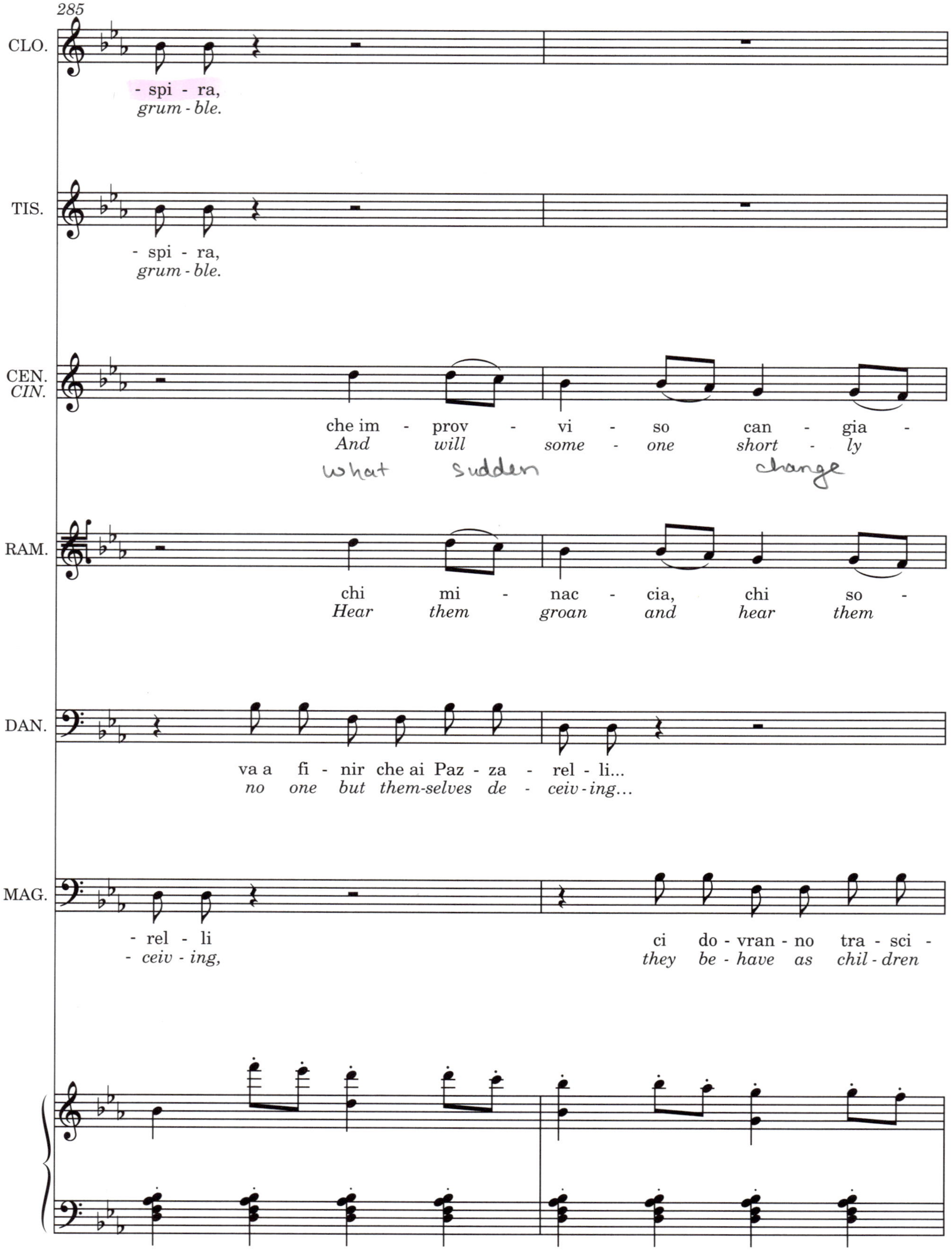
285
CLO.
- spi - ra,
grum - ble.
TIS.
- spi - ra,
grum - ble.
CEN.
CIN.
che im - prov - vi - so can - gia -
And will some - one short - ly
what sudden change
RAM.
chi mi - nac - cia, chi so -
Hear them groan and hear them
DAN.
va a fi - nir che ai Paz - za - rel - li...
no one but them-selves de - ceiv - ing...
MAG.
- rel - li ci do - vran - no tra - sci -
- ceiv - ing, they be - have as chil - dren

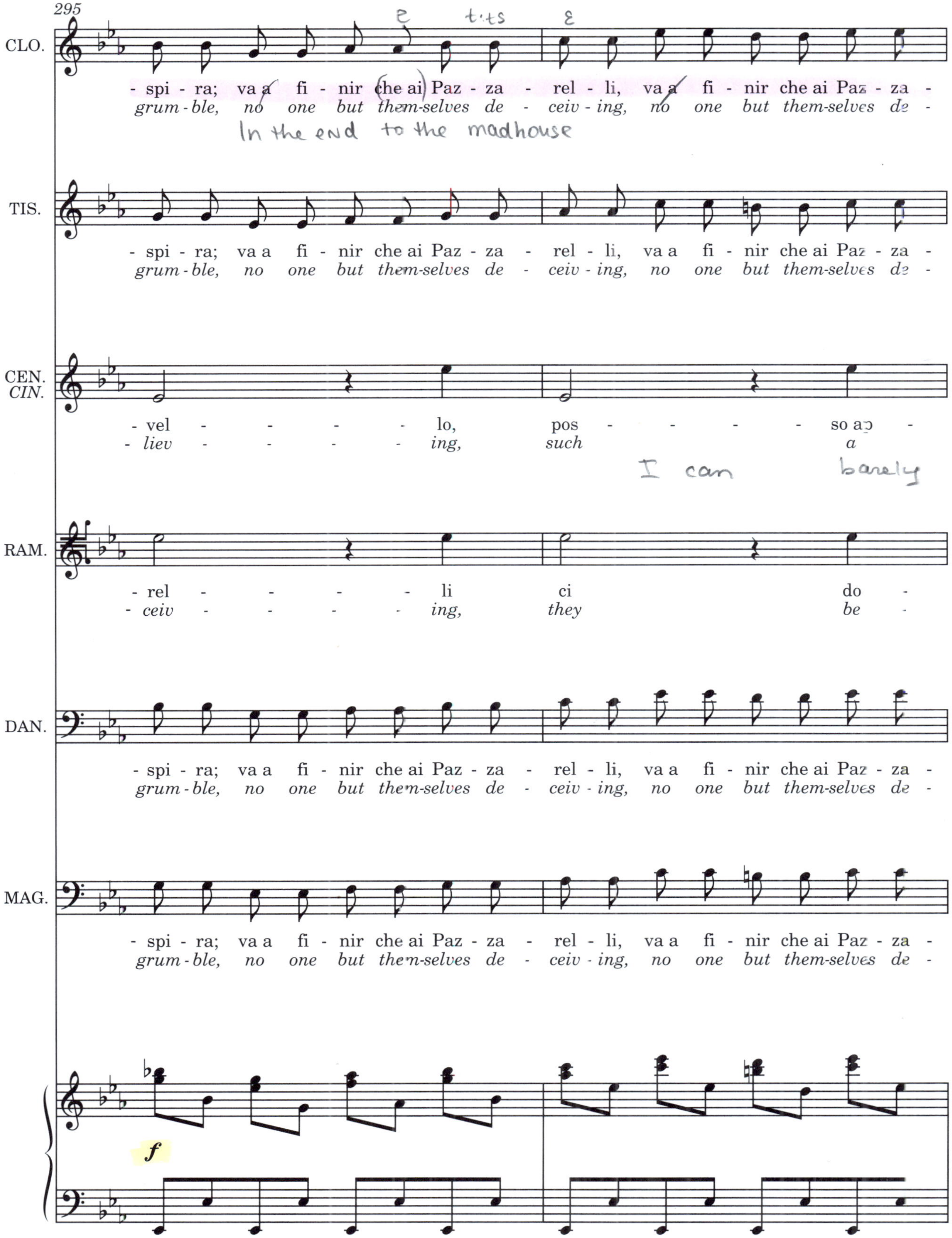
295
CLO.
- spi - ra; va a fi - nir che ai Paz - za - rel - li, va a fi - nir che ai Paz - za -
grum - ble, no one but them-selves de - ceiv - ing, no one but them-selves de -
TIS.
- spi - ra; va a fi - nir che ai Paz - za - rel - li, va a fi - nir che ai Paz - za -
grum - ble, no one but them-selves de - ceiv - ing, no one but them-selves de -
CEN.
CIN.
- vel - - - - lo, pos - - - - so ap -
- liev - - - - ing, such a
RAM.
- rel - - - - li ci do -
- ceiv - - - - ing, they be -
DAN.
- spi - ra; va a fi - nir che ai Paz - za - rel - li, va a fi - nir che ai Paz - za -
grum - ble, no one but them-selves de - ceiv - ing, no one but them-selves de -
MAG.
- spi - ra; va a fi - nir che ai Paz - za - rel - li, va a fi - nir che ai Paz - za -
grum - ble, no one but them-selves de - ceiv - ing, no one but them-selves de -
f

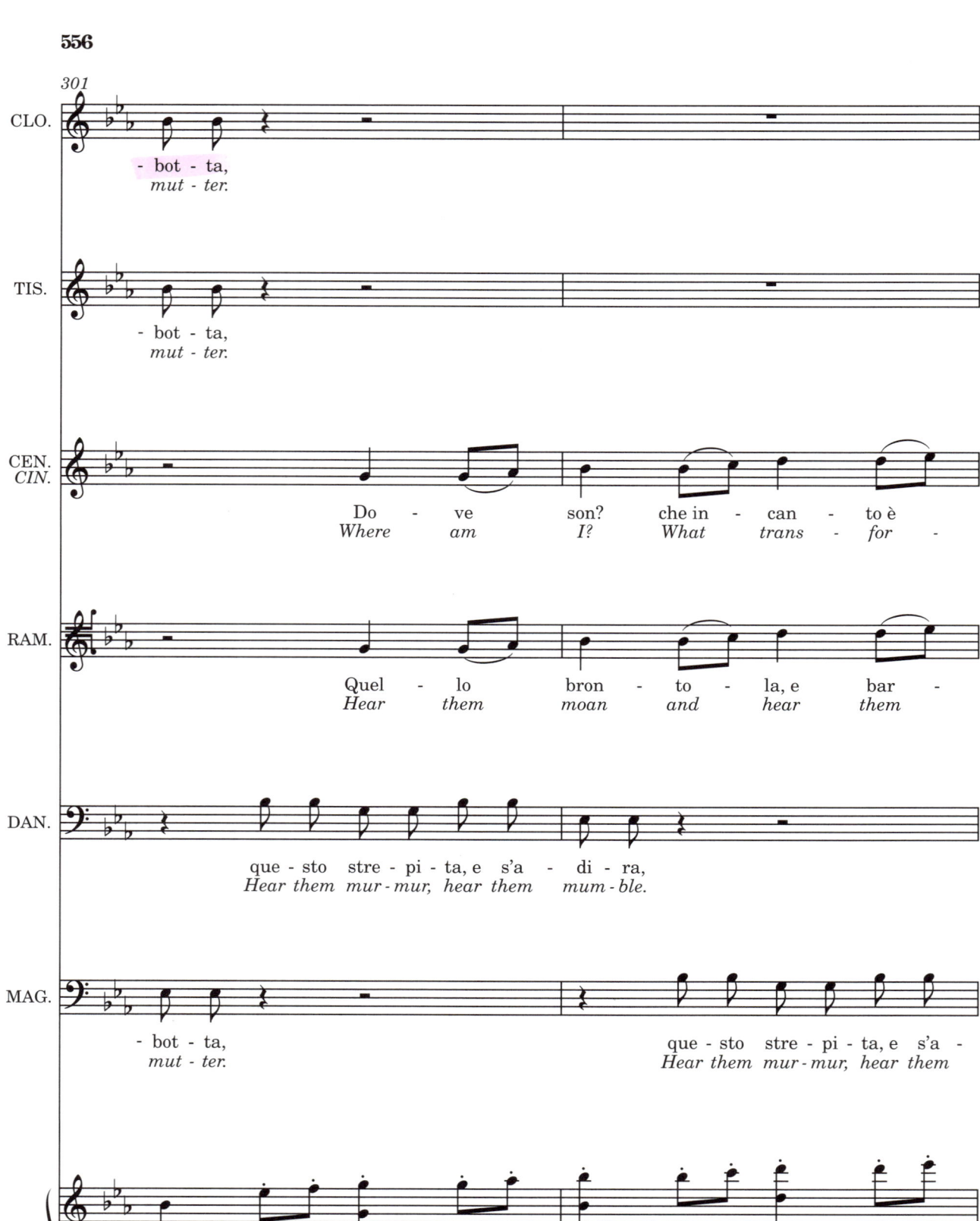

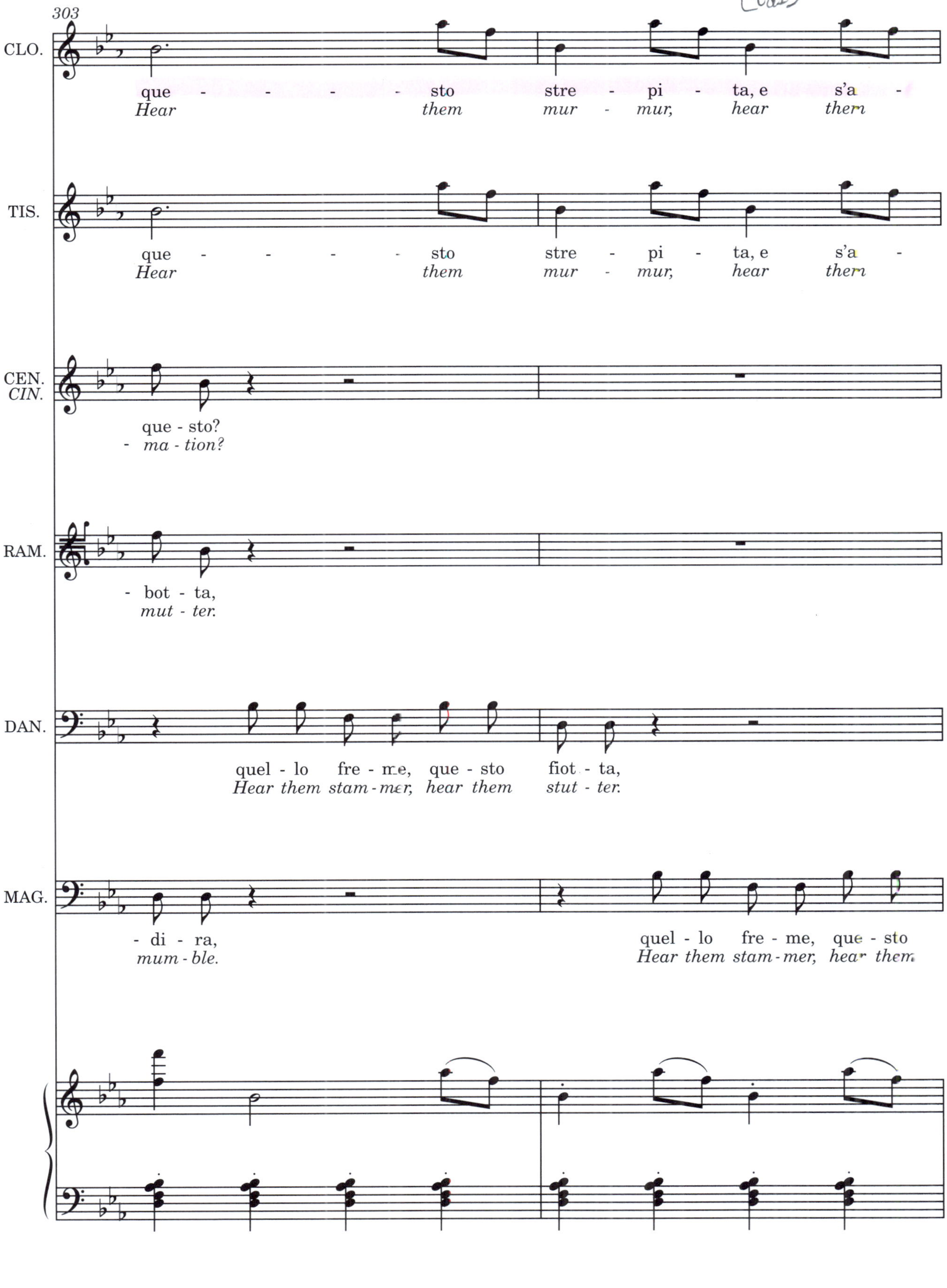
303
CLO.
que - - - - sto stre - pi - ta, e s'a -
Hear them mur - mur, hear them
TIS.
que - - - - sto stre - pi - ta, e s'a -
Hear them mur - mur, hear them
CEN.
CIN.
que - sto?
- ma - tion?
RAM.
- bot - ta,
mut - ter.
DAN.
quel - lo fre - me, que - sto fiot - ta,
Hear them stam - mer, hear them stut - ter.
MAG.
- di - ra, quel - lo fre - me, que - sto
mum - ble. Hear them stam - mer, hear them

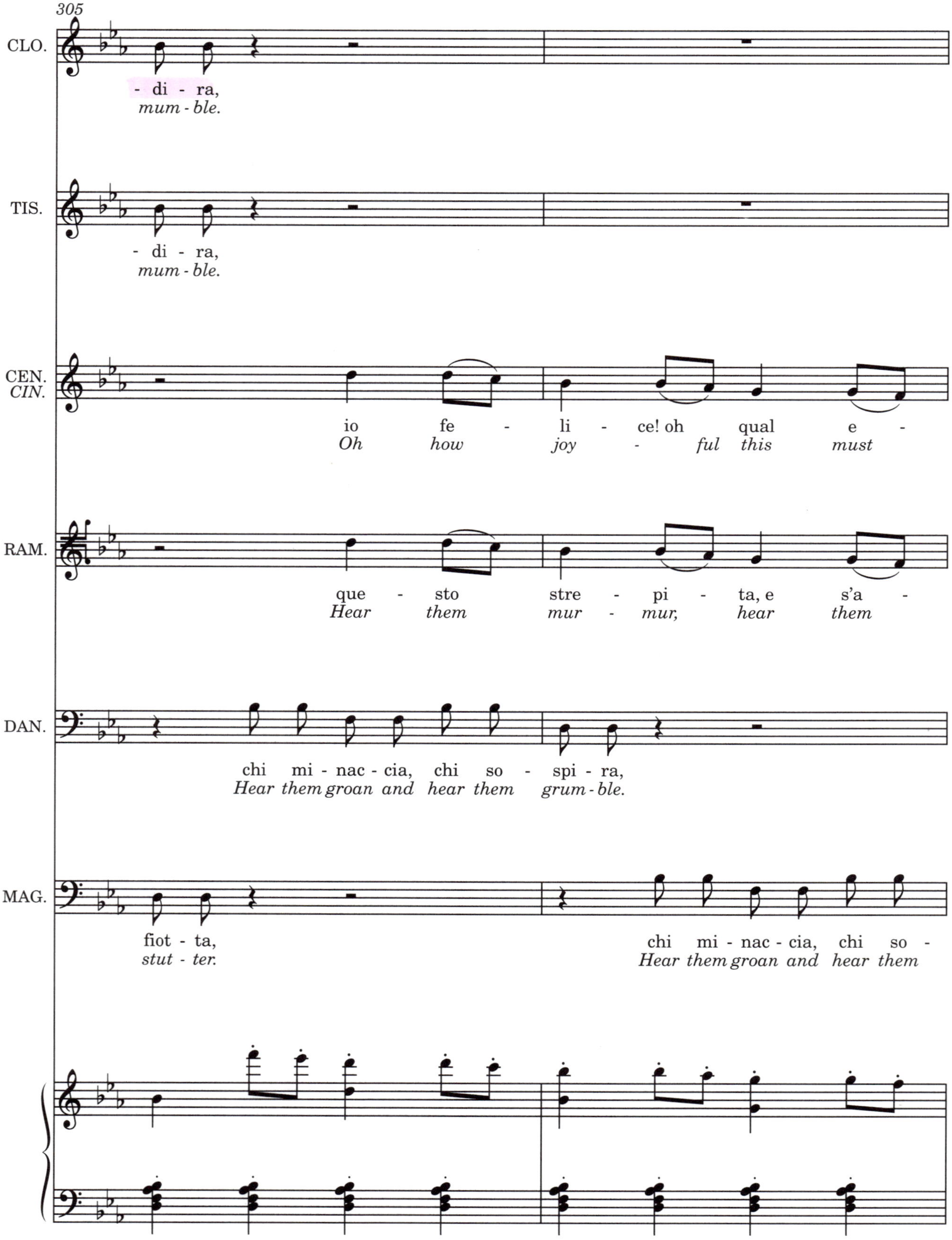
305
CLO.
- di - ra,
mum - ble.
TIS.
- di - ra,
mum - ble.
CEN.
CIN.
io fe - li - ce! oh qual e -
Oh how joy - ful this must
RAM.
que - sto stre - pi - ta, e s'a -
Hear them mur - mur, hear them
DAN.
chi mi - nac - cia, chi so - spi - ra,
Hear them groan and hear them grum - ble.
MAG.
fiot - ta,
stut - ter.
chi mi - nac - cia, chi so -
Hear them groan and hear them

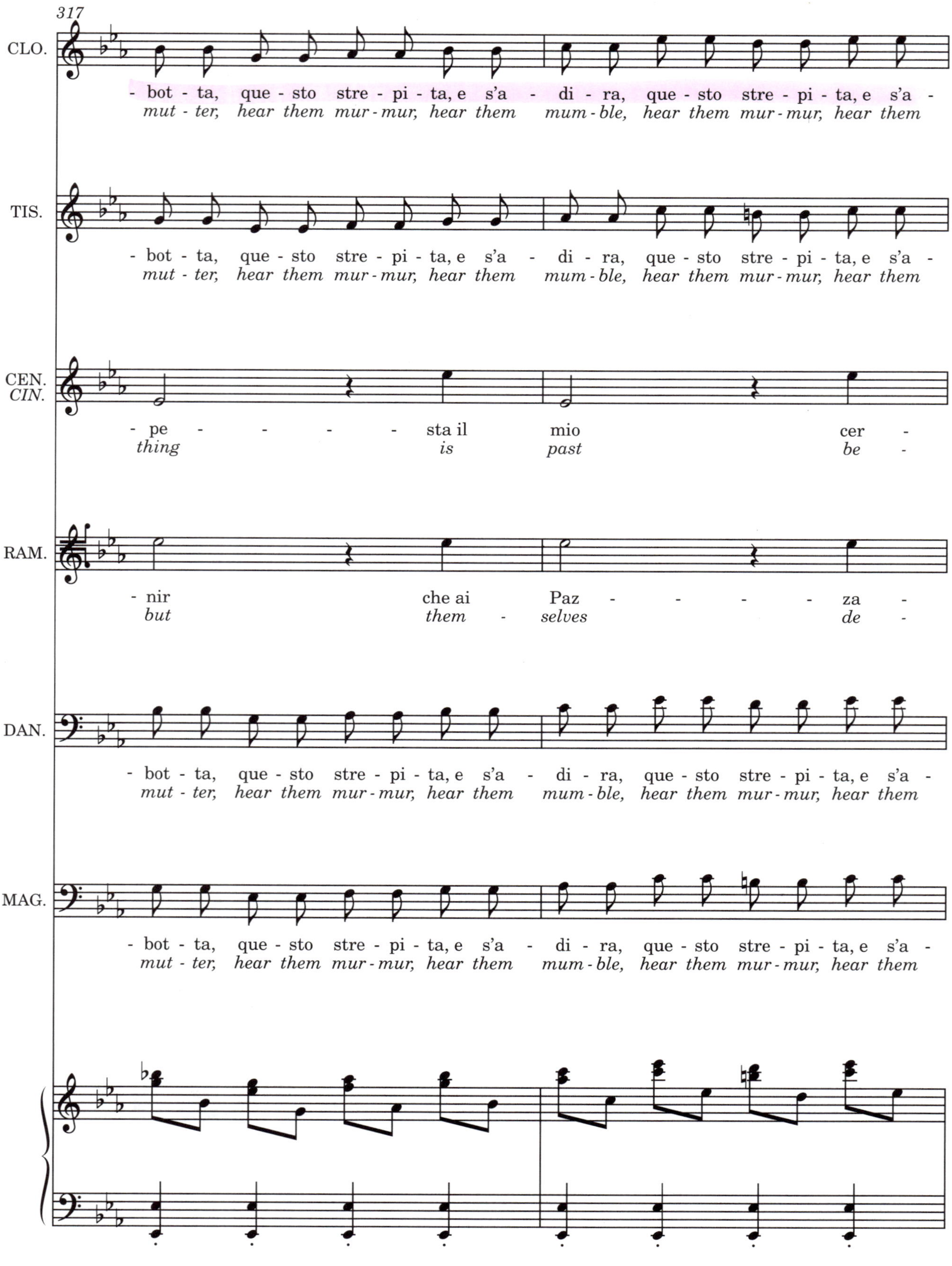
317
CLO.
- bot - ta, que - sto stre - pi - ta, e s'a - di - ra, que - sto stre - pi - ta, e s'a -
mut - ter, hear them mur - mur, hear them mum - ble, hear them mur - mur, hear them
TIS.
- bot - ta, que - sto stre - pi - ta, e s'a - di - ra, que - sto stre - pi - ta, e s'a -
mut - ter, hear them mur - mur, hear them mum - ble, hear them mur - mur, hear them
CEN.
CIN.
- pe - - - - sta il mio cer -
thing is past be -
RAM.
- nir che ai Paz - - - - za -
but them - selves de -
DAN.
- bot - ta, que - sto stre - pi - ta, e s'a - di - ra, que - sto stre - pi - ta, e s'a -
mut - ter, hear them mur - mur, hear them mum - ble, hear them mur - mur, hear them
MAG.
- bot - ta, que - sto stre - pi - ta, e s'a - di - ra, que - sto stre - pi - ta, e s'a -
mut - ter, hear them mur - mur, hear them mum - ble, hear them mur - mur, hear them

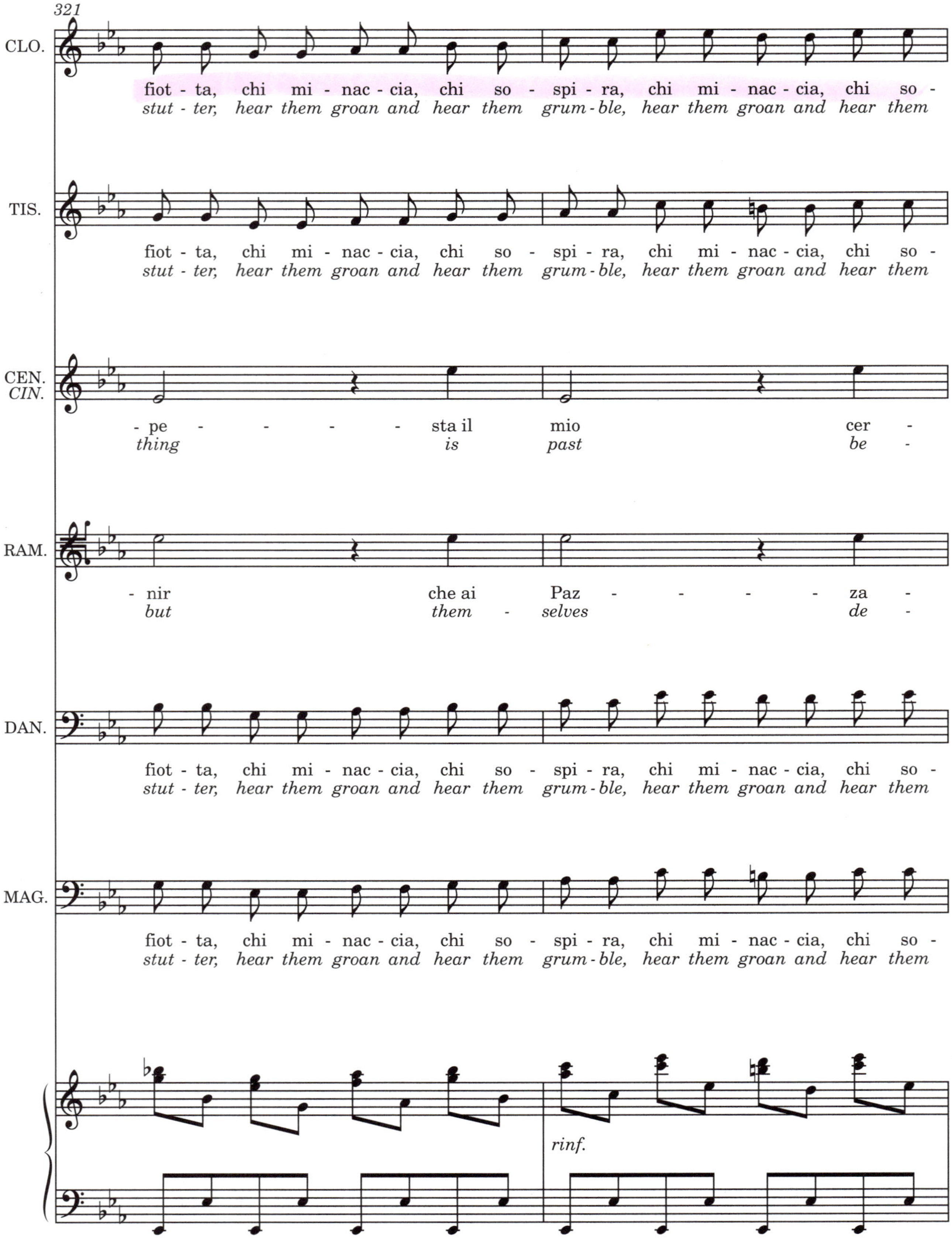
321
CLO.
fiot - ta, chi mi - nac - cia, chi so - spi - ra, chi mi - nac - cia, chi so -
stut - ter, hear them groan and hear them grum - ble, hear them groan and hear them
TIS.
fiot - ta, chi mi - nac - cia, chi so - spi - ra, chi mi - nac - cia, chi so -
stut - ter, hear them groan and hear them grum - ble, hear them groan and hear them
CEN.
CIN.
- pe - - - - sta il mio cer -
thing is past be -
RAM.
- nir che ai Paz - - - - za -
but them - selves de -
DAN.
fiot - ta, chi mi - nac - cia, chi so - spi - ra, chi mi - nac - cia, chi so -
stut - ter, hear them groan and hear them grum - ble, hear them groan and hear them
MAG.
fiot - ta, chi mi - nac - cia, chi so - spi - ra, chi mi - nac - cia, chi so -
stut - ter, hear them groan and hear them grum - ble, hear them groan and hear them
rinf.

568

CLO. — rel - li, va a fi - nir che ai Paz - za - rel - li ci do - vran - no tra - sci -
- ceiv - ing, no one but them - selves de - ceiv - ing, they be - have as chil - dren

TIS. — rel - li, va a fi - nir che ai Paz - za - rel - li ci do - vran - no tra - sci -
- ceiv - ing, no one but them - selves de - ceiv - ing, they be - have as chil - dren

CEN. CIN. — pe — — — na re — — — spi -
won — — — der can't be

RAM. — vran — — no tra — — sci -
- have as chil — — dren

DAN. — rel - li, va a fi - nir che ai Paz - za - rel - li ci do - vran - no tra - sci -
- ceiv - ing, no one but them - selves de - ceiv - ing, they be - have as chil - dren

MAG. — rel - li, va a fi - nir che ai Paz - za - rel - li ci do - vran - no tra - sci -
- ceiv - ing, no one but them - selves de - ceiv - ing, they be - have as chil - dren

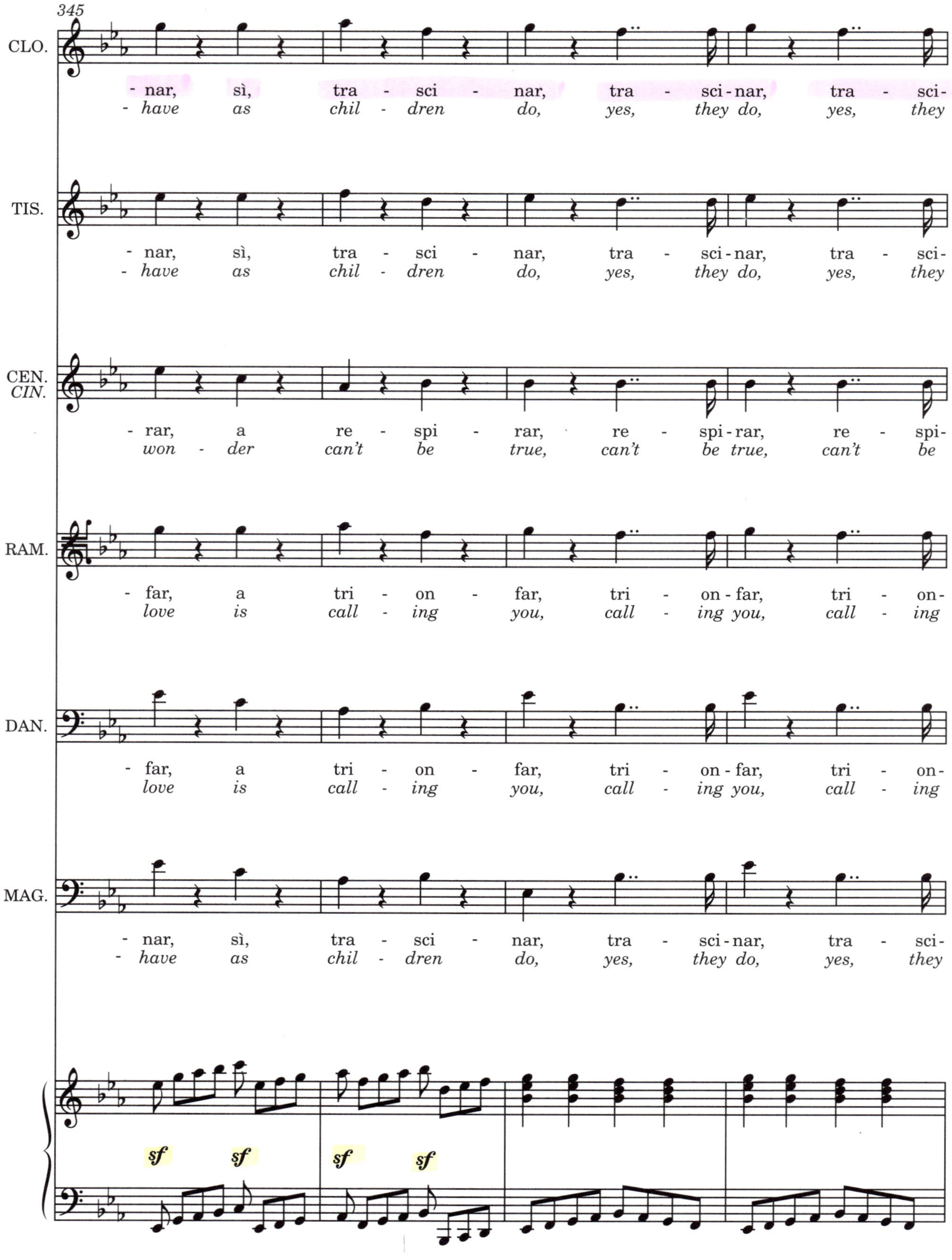
345
CLO.
- nar, sì, tra - sci - nar, tra - sci - nar, tra - sci-
- have as chil - dren do, yes, they do, yes, they
TIS.
- nar, sì, tra - sci - nar, tra - sci - nar, tra - sci-
- have as chil - dren do, yes, they do, yes, they
CEN.
CIN.
- rar, a re - spi - rar, re - spi - rar, re - spi-
won - der can't be true, can't be true, can't be
RAM.
- far, a tri - on - far, tri - on - far, tri - on-
love is call - ing you, call - ing you, call - ing
DAN.
- far, a tri - on - far, tri - on - far, tri - on-
love is call - ing you, call - ing you, call - ing
MAG.
- nar, sì, tra - sci - nar, tra - sci - nar, tra - sci-
- have as chil - dren do, yes, they do, yes, they
sf sf sf sf

ALI. forse questa reliquia di Palazzo, questi non troppo ricchi
likely that this old ruin of a palace and all this rather faded
this relic of a palace, this not too sumptuous

ALI. mobili saranno posti al pubblico incanto.
furniture will shortly find themselves put up for auction.
furniture will be put up to public auction.

TISBE Che fia di noi frattanto?
What will become of us, then?
What will happen to us in the meanwhile?

ALI. Il bivio è questo. O terminar
Well, make your minds up; you can de-
The choice is this. Either end

fra la miseria i giorni, o curve al piè del Trono implorar
-cide on poverty forever, or you can beg for pardon. If you are
in poverty your days or bend down at the foot of the throne imp

N. 15
ARIA CLORINDA *
[di Luca Agolini]

N. 15
ARIA CLORINDA *
[by Luca Agolini]

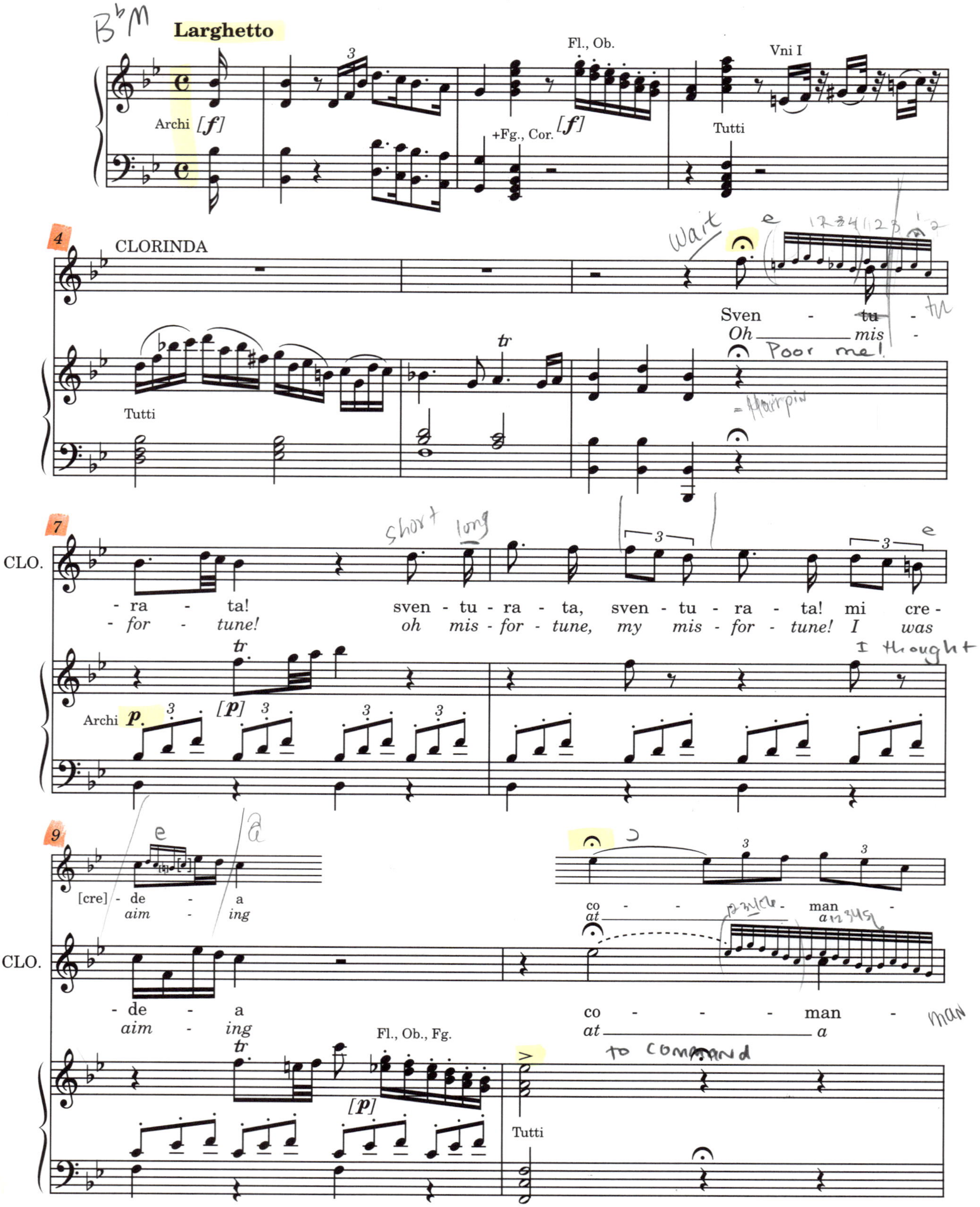

* Varianti vocali e una seconda versione della cabaletta sono presenti in **A**; vedi Note.

* **A** *contains vocal variants and a second version of the cabaletta; see Notes.*

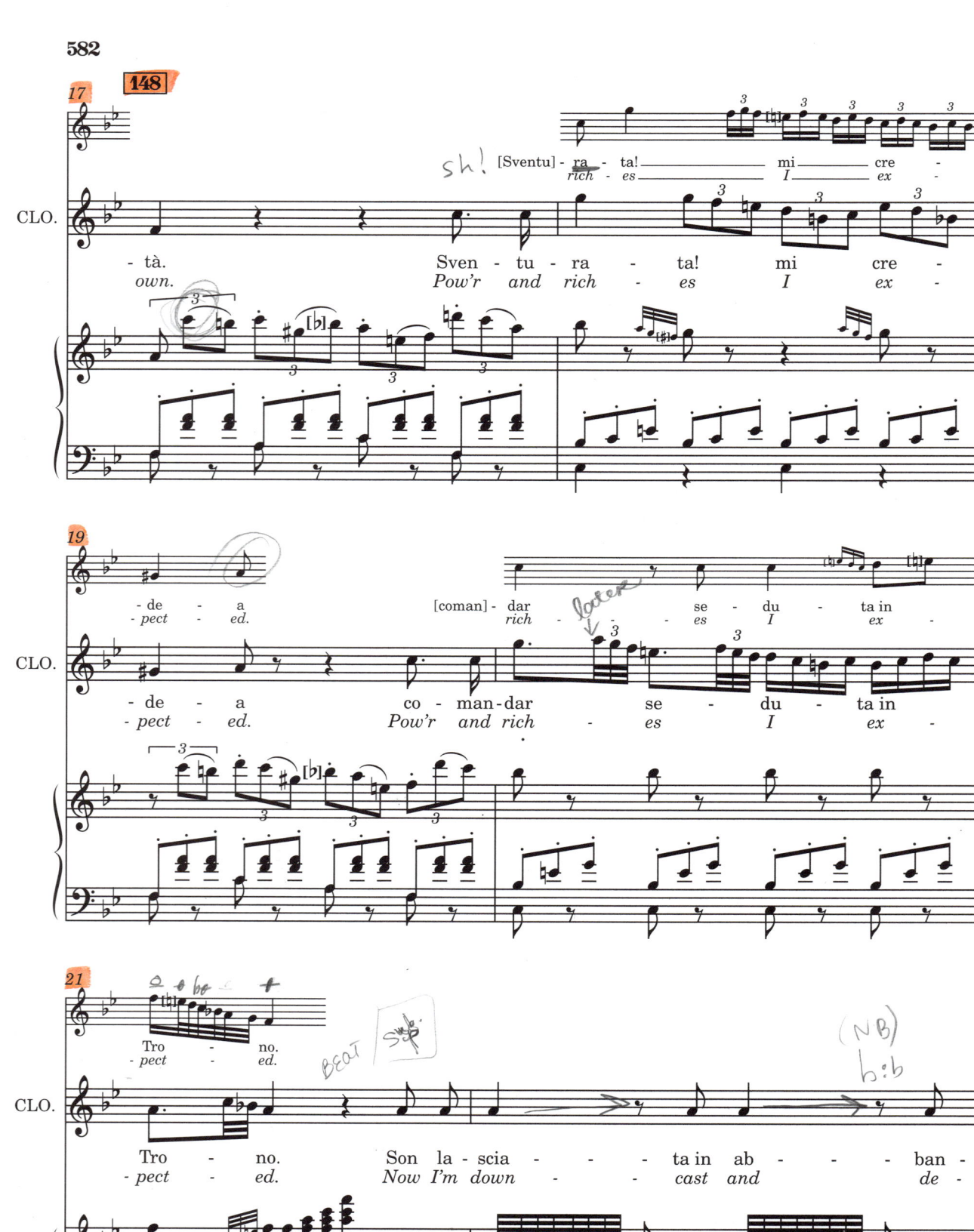

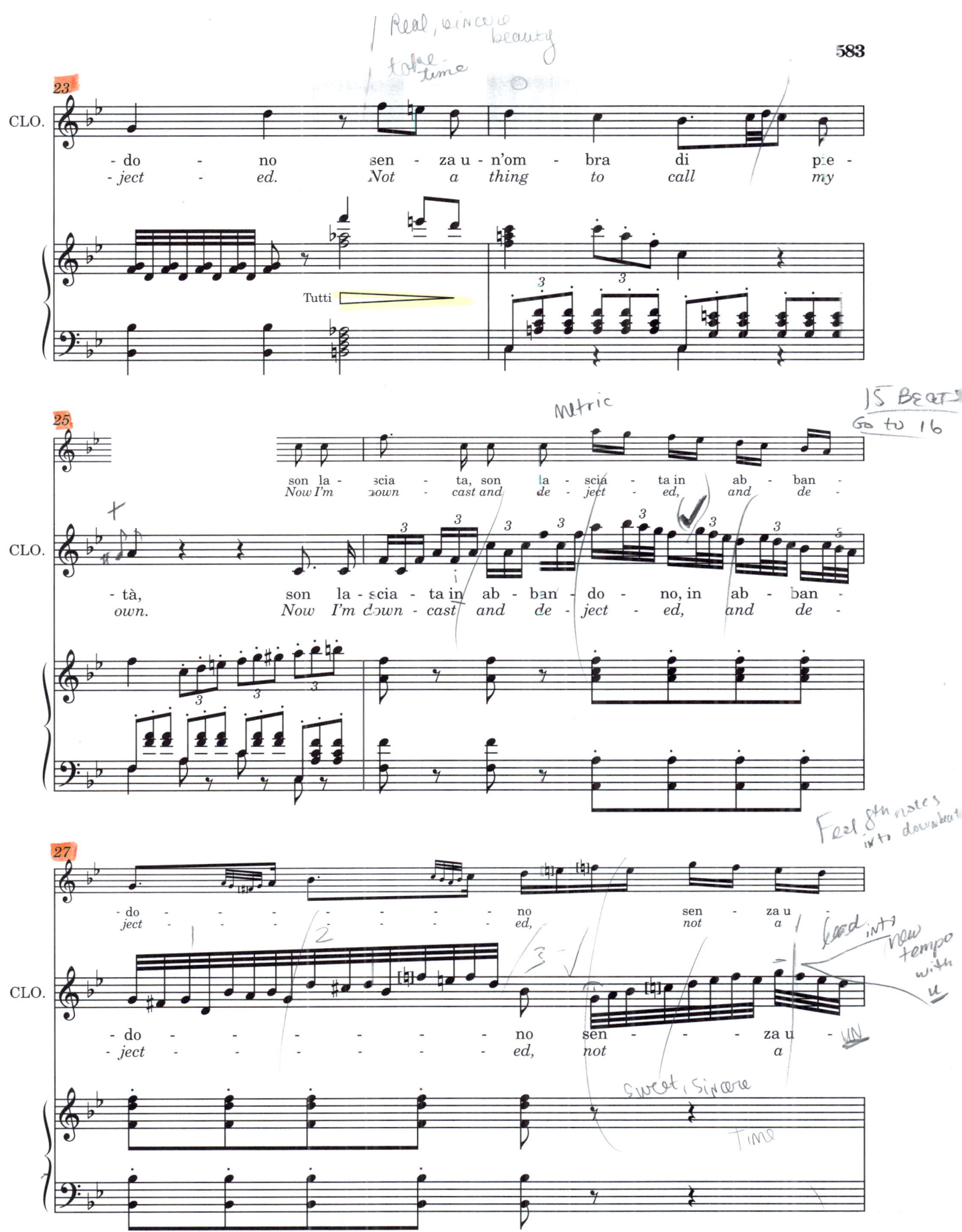

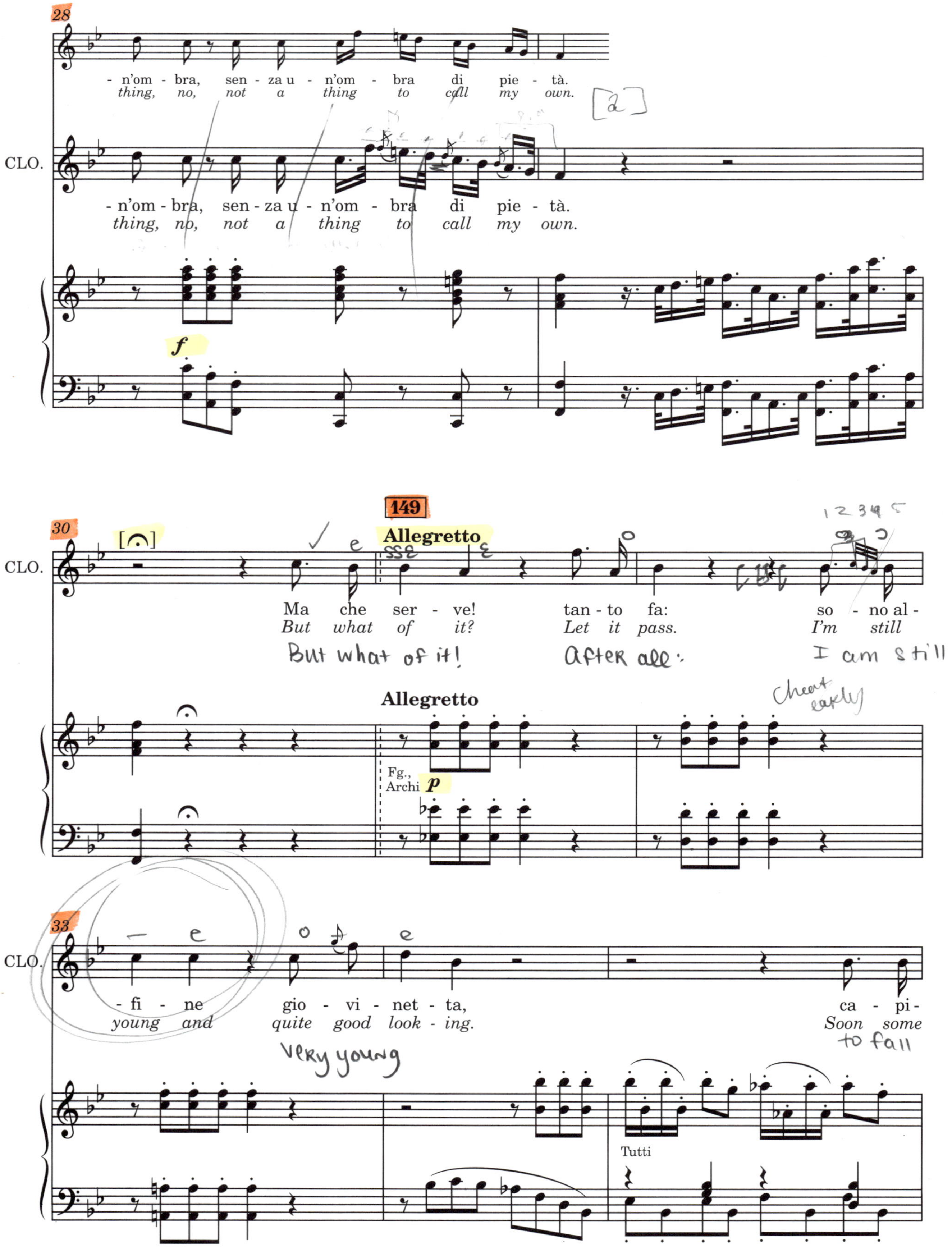
28
- n'om - bra, sen - za u - n'om - bra di pie - tà.
thing, no, not a thing to call my own.
CLO.
- n'om - bra, sen - za u - n'om - bra di pie - tà.
thing, no, not a thing to call my own.
30
149
Allegretto
Ma che ser - ve! tan - to fa: so - no al -
But what of it? Let it pass. I'm still
Allegretto
Fg., Archi
33
- fi - ne gio - vi - net - ta, ca - pi -
young and quite good look - ing. Soon some
Tutti

* La conclusione della versione modificata (47a-96a) si trova dopo la fine della lezione originale.

* The conclusion of the modified version (47a-96a) is found after the end of the original version.

* Segue la conclusione della versione modificata (47a-96a).

* *The conclusion of the modified version follows (47a-96a).*

* Vedi Nota 53a.
  See Note 53a.

[Recitativo] Dopo l'Aria di Clorinda | [Recitative] After the Aria of Clorinda

N. 16
FINALE SECONDO
CORO, E SCENA
CENERENTOLA
SCENA ULTIMA

(All'alzarsi della Tenda scorgesi un Atrio con festoni di fiori illuminato, e nel cui fondo su piccola base siedono in due ricche sedie Ramiro, e Cenerentola in abito ricco; a destra in piedi Dandini. Dame, e Cavalieri intorno. In un angolo Don Magnifico confuso con gli occhi fitti in terra. Indi Alidoro, Clorinda, e Tisbe mortificate coprendosi il volto)

N. 16
SECOND FINALE
CHORUS, AND SCENE OF
CINDERELLA
LAST SCENE

(The curtain rises to reveal an illuminated Atrium with garlands of flowers, and in the rear seated in two rich chairs on a dais Ramiro, and Cinderella richly dressed; on the the right Dandini. Ladies, and Courtiers standing around. In a corner Don Magnifico embarrassed with his eyes fixed on the ground. Later Alidoro, Clorinda, and Tisbe who cover their faces in mortification.)

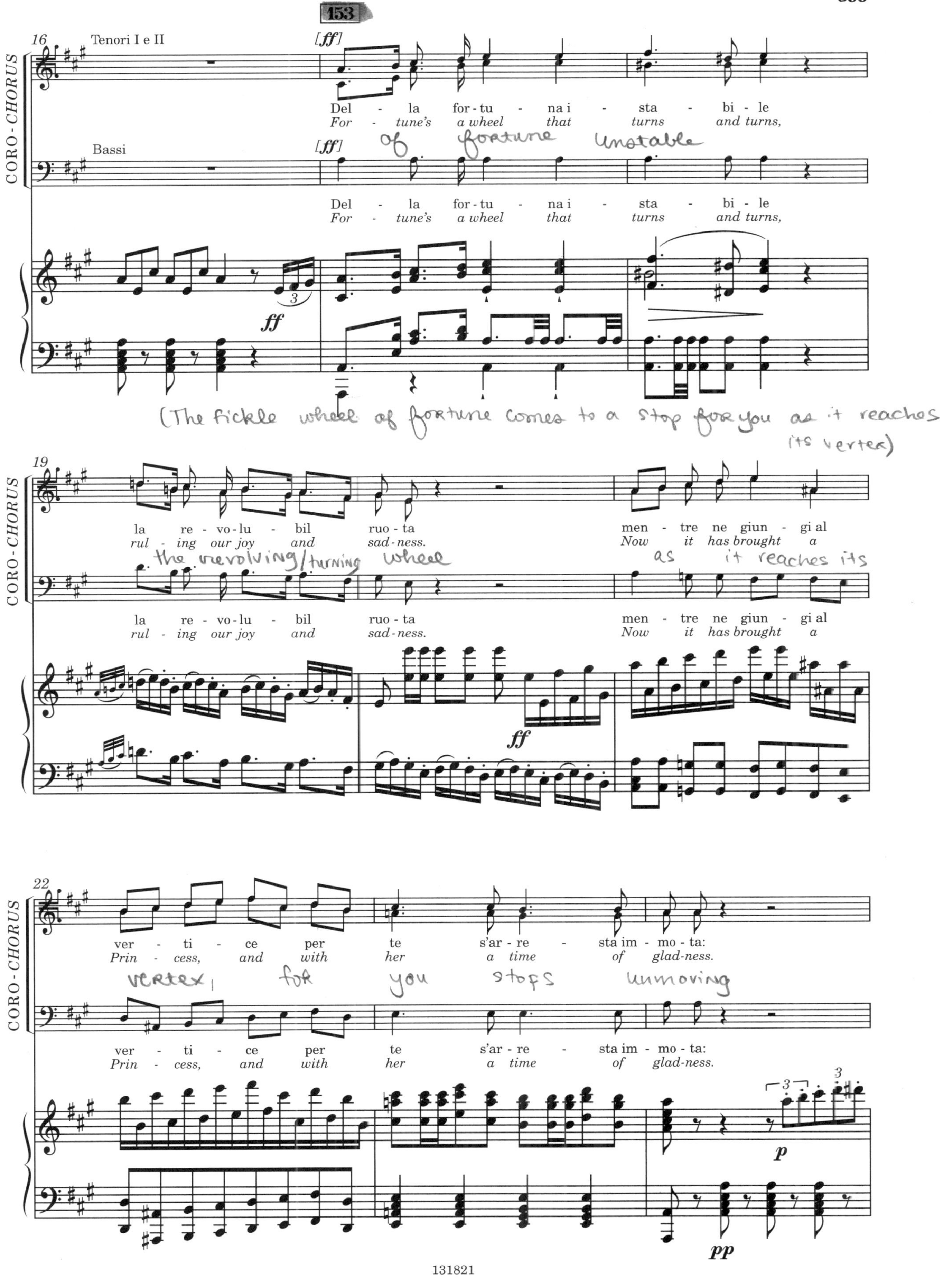
153
16
Tenori I e II
Bassi
CORO - CHORUS
[ff]
Del - la for - tu - na i - sta - bi - le
For - tune's a wheel that turns and turns,
Del - la for - tu - na i - sta - bi - le
For - tune's a wheel that turns and turns,
ff
19
la re - vo - lu - bil ruo - ta men - tre ne giun - gi al
rul - ing our joy and sad - ness. Now it has brought a
la re - vo - lu - bil ruo - ta men - tre ne giun - gi al
rul - ing our joy and sad - ness. Now it has brought a
22
ver - ti - ce per te s'ar - re - sta im - mo - ta:
Prin - cess, and with her a time of glad - ness.
ver - ti - ce per te s'ar - re - sta im - mo - ta:
Prin - cess, and with her a time of glad - ness.
p
pp

* Rossini ha composto variazioni e cadenze per il brano, riportate nell'Appendice I.

* Rossini composed variations and cadenzas for the piece, printed in Appendix I.

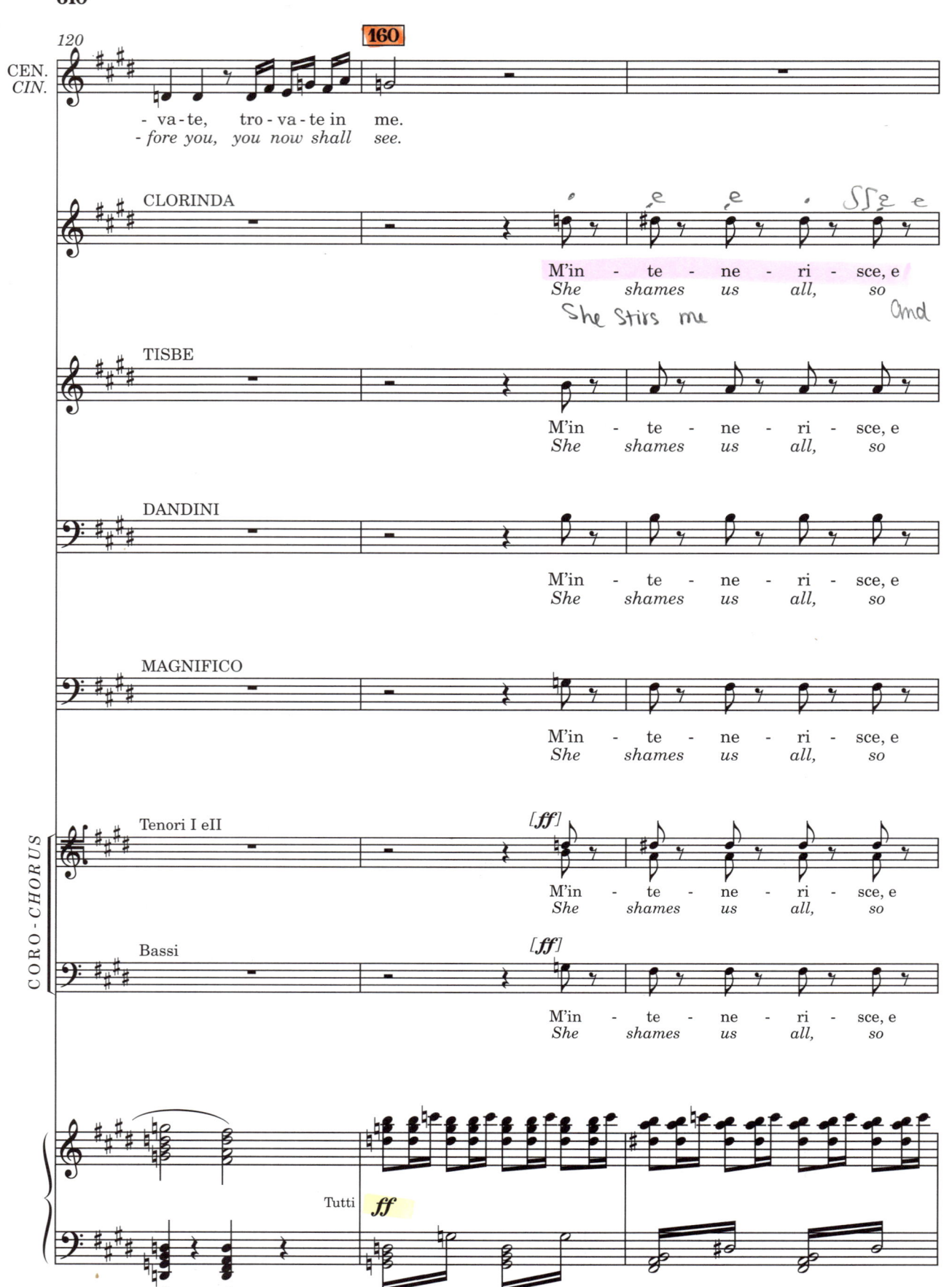

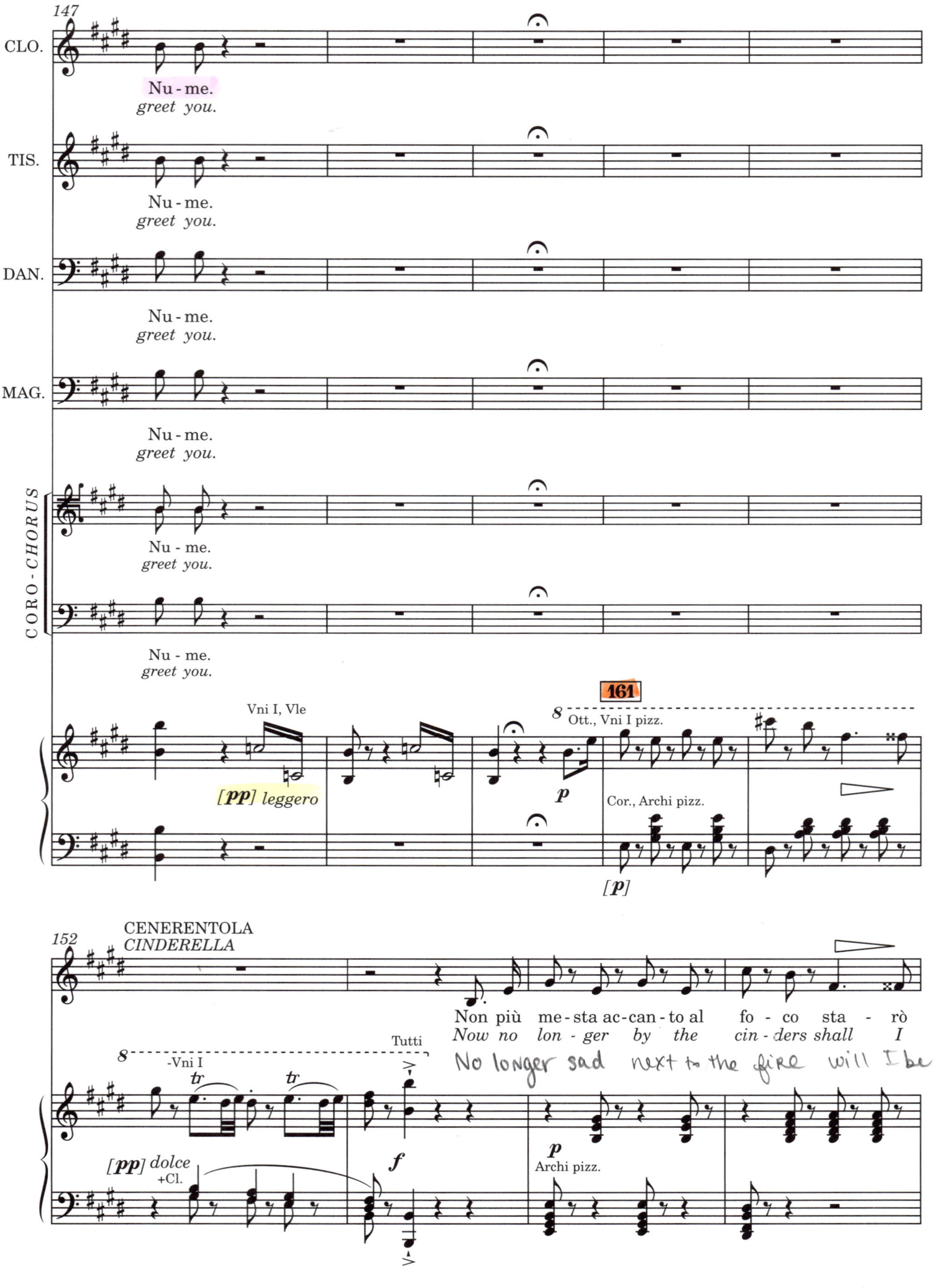
147
CLO.
Nu - me.
greet you.
TIS.
Nu - me.
greet you.
DAN.
Nu - me.
greet you.
MAG.
Nu - me.
greet you.
CORO - CHORUS
Nu - me.
greet you.
Nu - me.
greet you.
161
Vni I, Vle
[pp] leggero
8
Ott., Vni I pizz.
p
Cor., Archi pizz.
[p]
152
CENERENTOLA
CINDERELLA
Non più me - sta ac - can - to al fo - co sta - rò
Now no lon - ger by the cin - ders shall I
No longer sad next to the fire will I be
8
-Vni I
tr
tr
Tutti
[pp] dolce
+Cl.
f
p
Archi pizz.

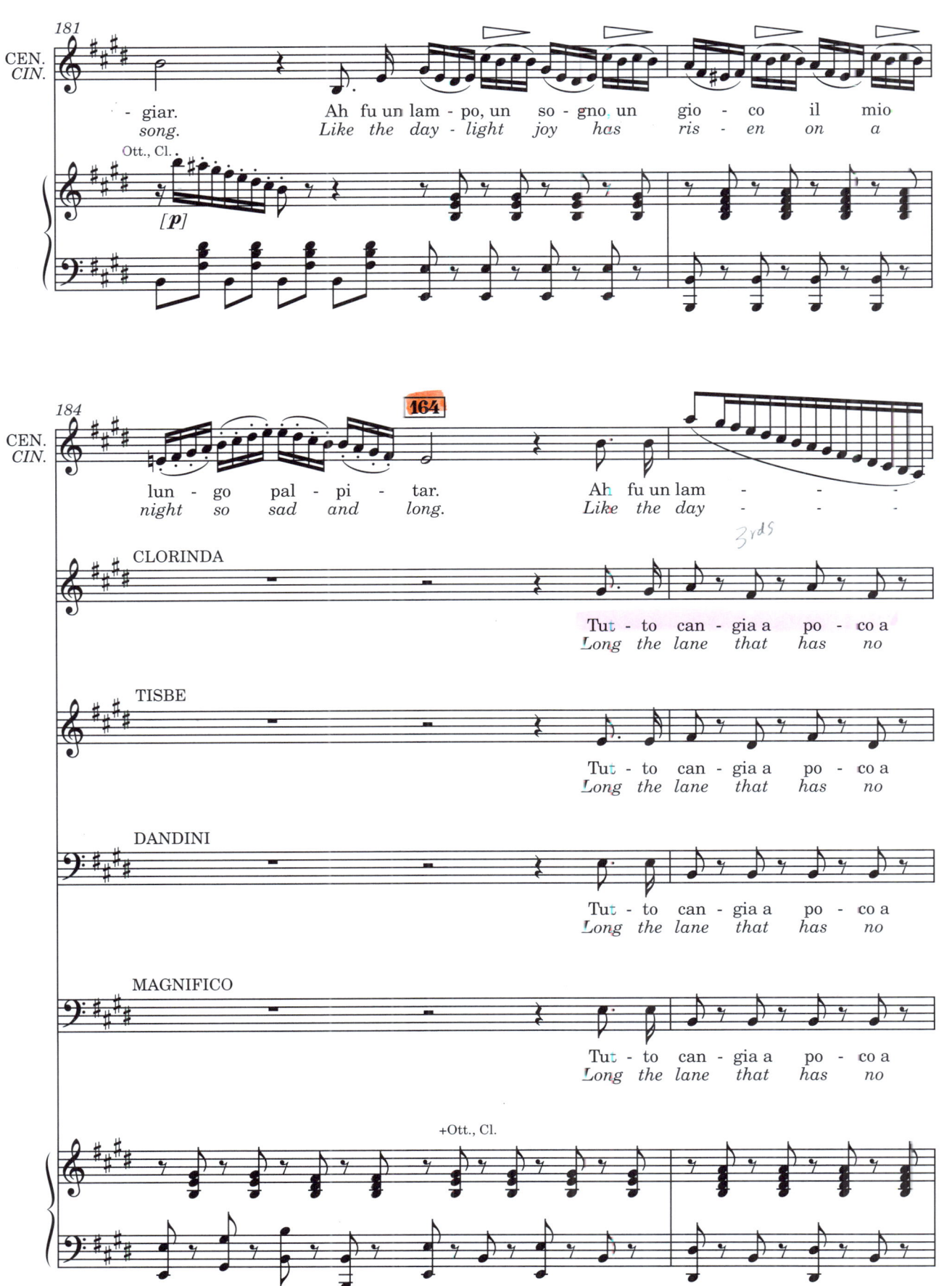

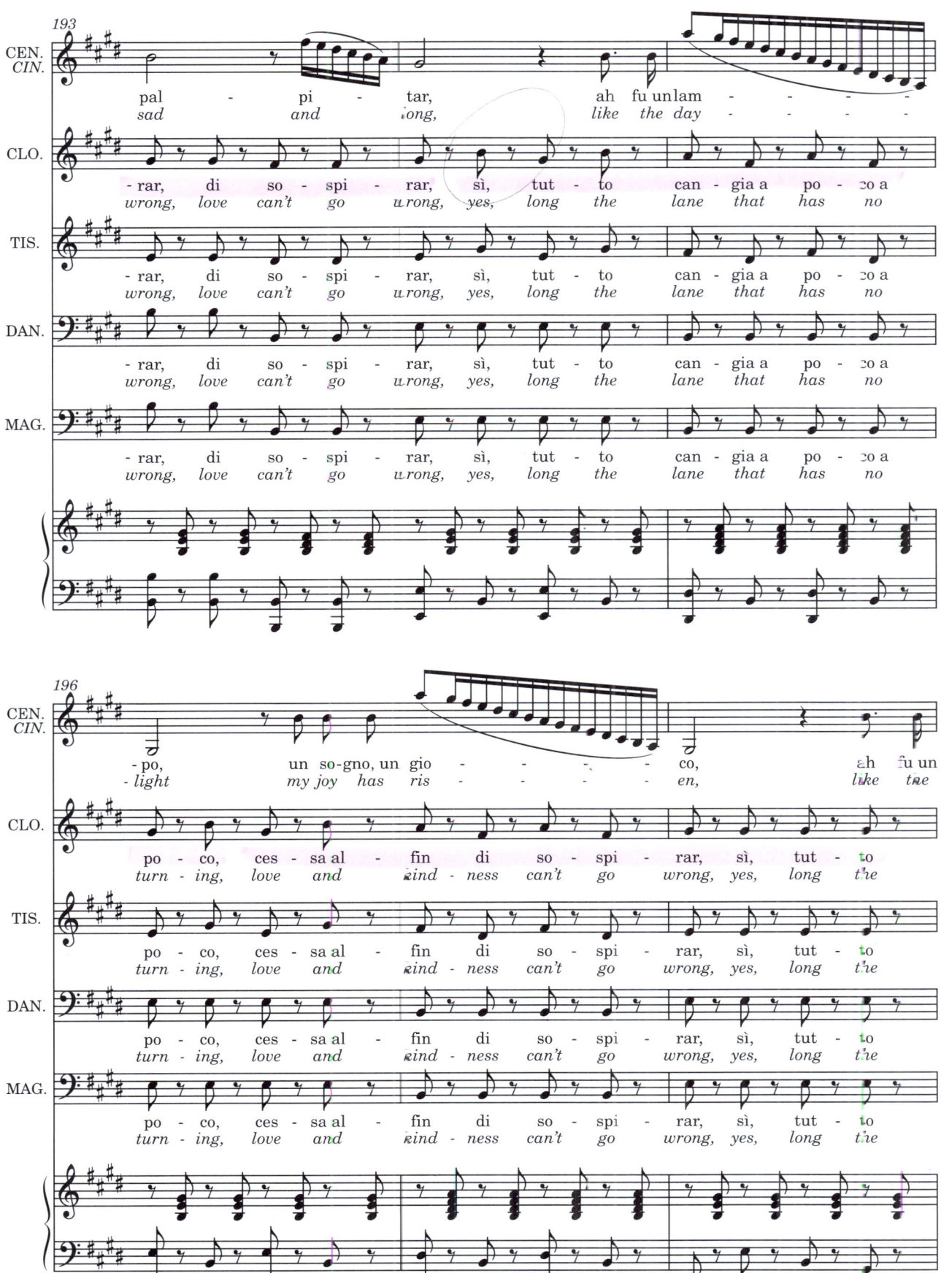

* **A:** Rossini annotò: «Il solito passo»; vedi Note.
Rossini annotated: "The usual passage"; see Notes.

APPENDICE I
APPENDIX I

Varianti vocali di Rossini
per il Finale Secondo

*Vocal variations by Rossini
for the Second Finale*

(N. 16)   Coro, e Scena Cenerentola
Chorus, and Scene of Cinderella

APPENDICE I
Varianti vocali di Rossini
per il Finale Secondo
Coro, e Scena Cenerentola (N. 16)

APPENDIX I
Vocal variations by Rossini
for the Second Finale
Chorus, and Scene of Cinderella (N. 16)

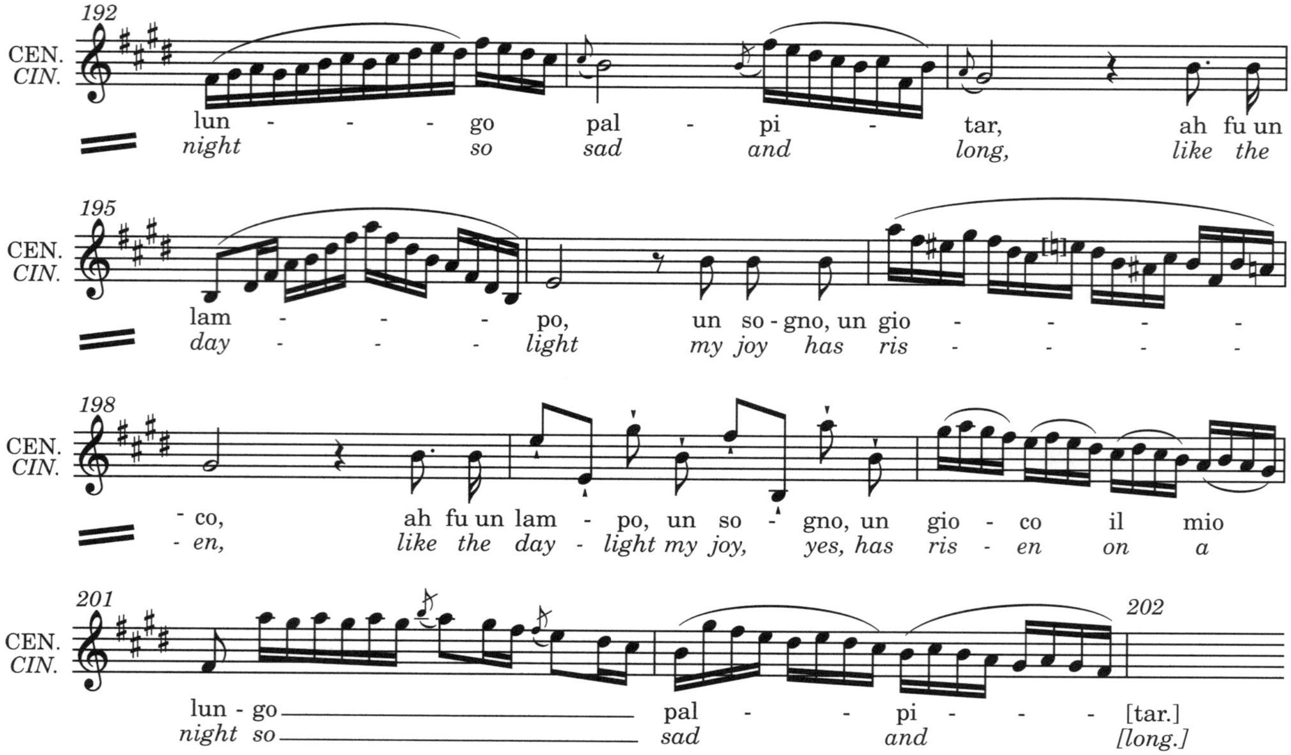
192
CEN.
CIN.
lun - - - go pal - pi - tar, ah fu un
night so sad and long, like the
195
lam - - - po, un so - gno, un gio - - - - -
day - - - light my joy has ris - - - - -
198
- co, ah fu un lam - po, un so - gno, un gio - co il mio
- en, like the day - light my joy, yes, has ris - en on a
201
lun - go pal - - pi - - - [tar.]
night so sad and [long.]
202

7 (= N. 16, 217-222)

217
CEN.
CIN.
[palpi] - tar, il lun - go pal - pi - tar, il pal - pi -
long, a night so sad and long, so sad and
220
- tar, il pal - pi - tar, il pal - pi - tar.
long, so sad and long, so sad and long.
222

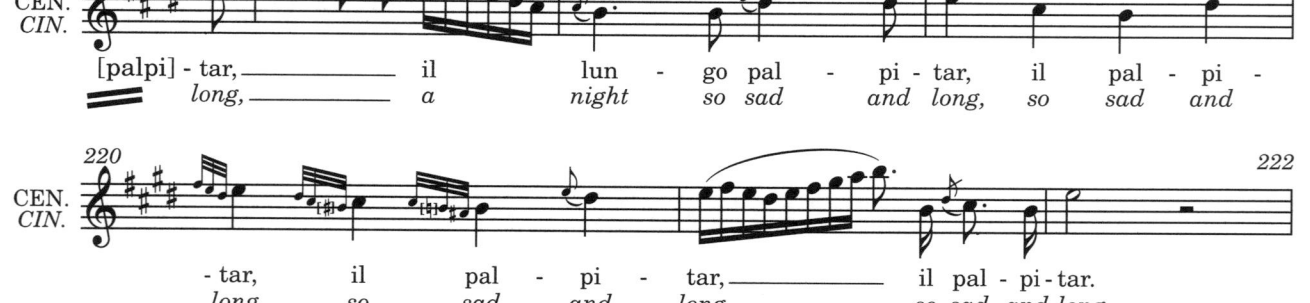

APPENDICE II
APPENDIX II

Roma, 1820
Rome, 1820

N. 6a Scena ed Aria Alidoro
Scene and Aria Alidoro

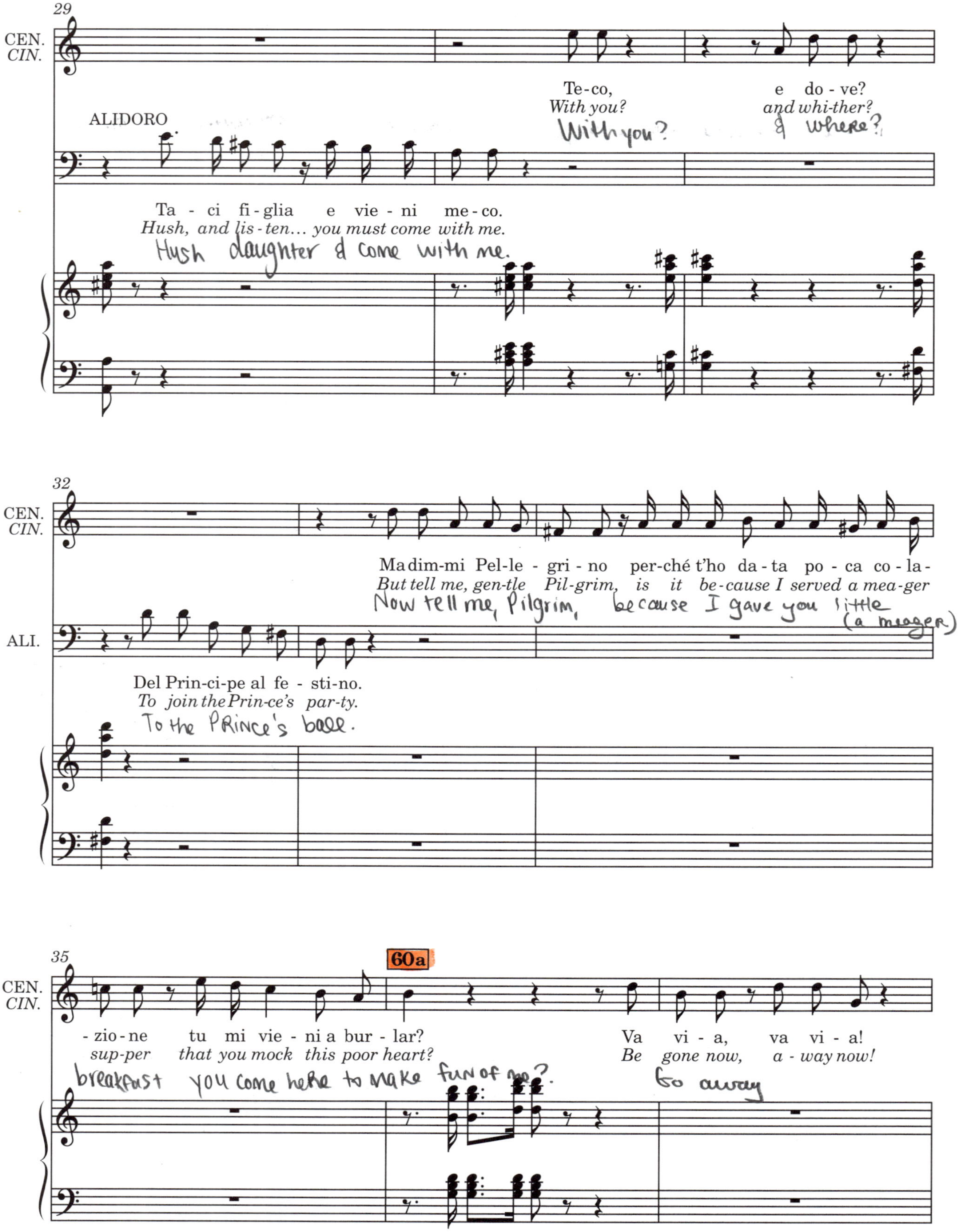

[ARIA ALIDORO] | *[ARIA ALIDORO]*

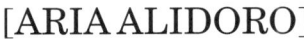

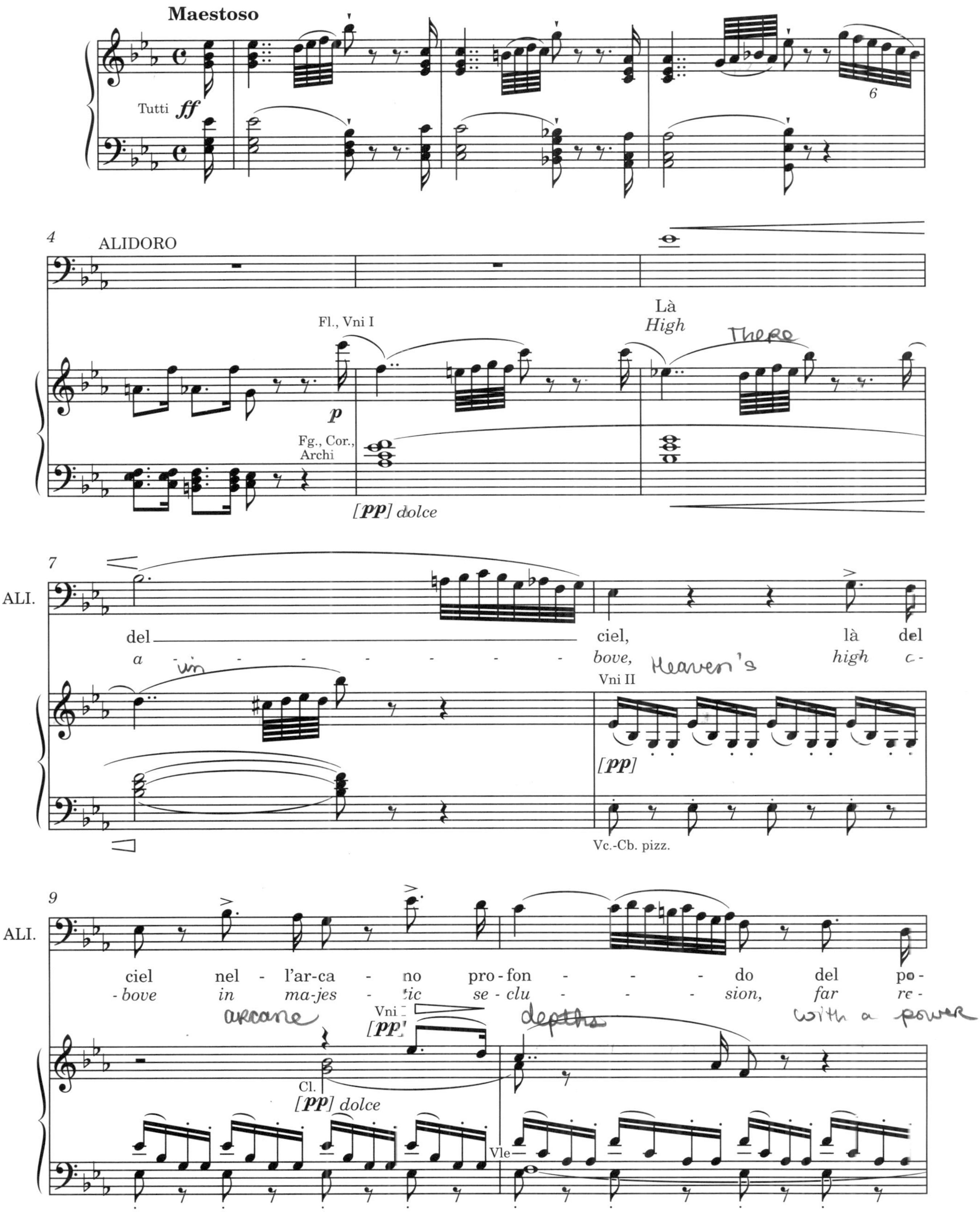

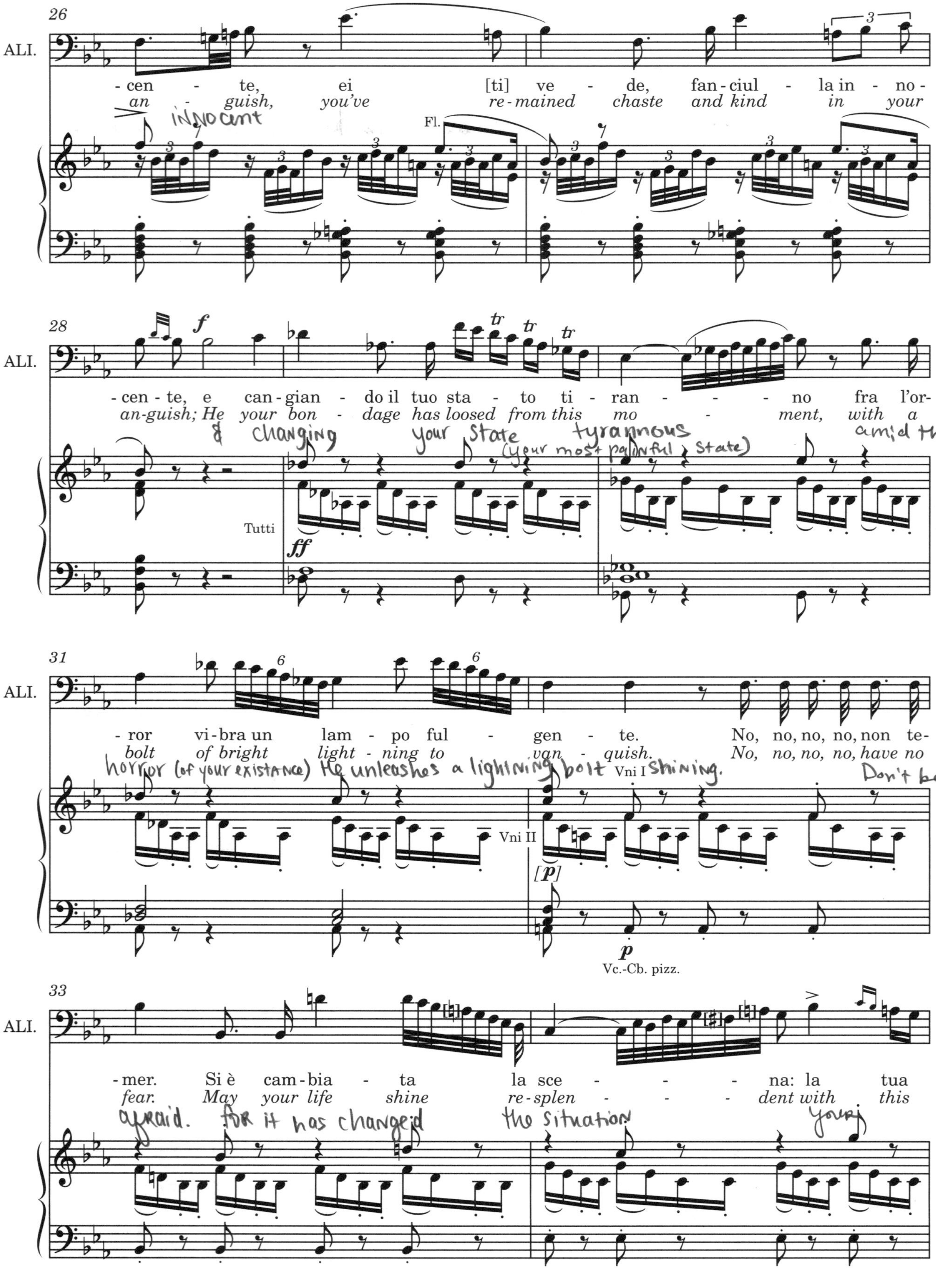
26
ALI.
-cen - te, ei [ti] ve - de, fan-ciul - la in - no-
an - guish, you've re-mained chaste and kind in your
Fl.
28
-cen - te, e can-gian - do il tuo sta - to ti - ran - - - no fra l'or-
an-guish; He your bon - dage has loosed from this mo - ment, with a
Tutti
ff
31
-ror vi-bra un lam - po ful - gen - te. No, no, no, no, non te-
bolt of bright light - ning to van - quish. No, no, no, no, have no
Vni I
Vni II
[p]
p
Vc.-Cb. pizz.
33
-mer. Si è cam-bia - ta la sce - - - - na: la tua
fear. May your life shine re-splen - - - - dent with this

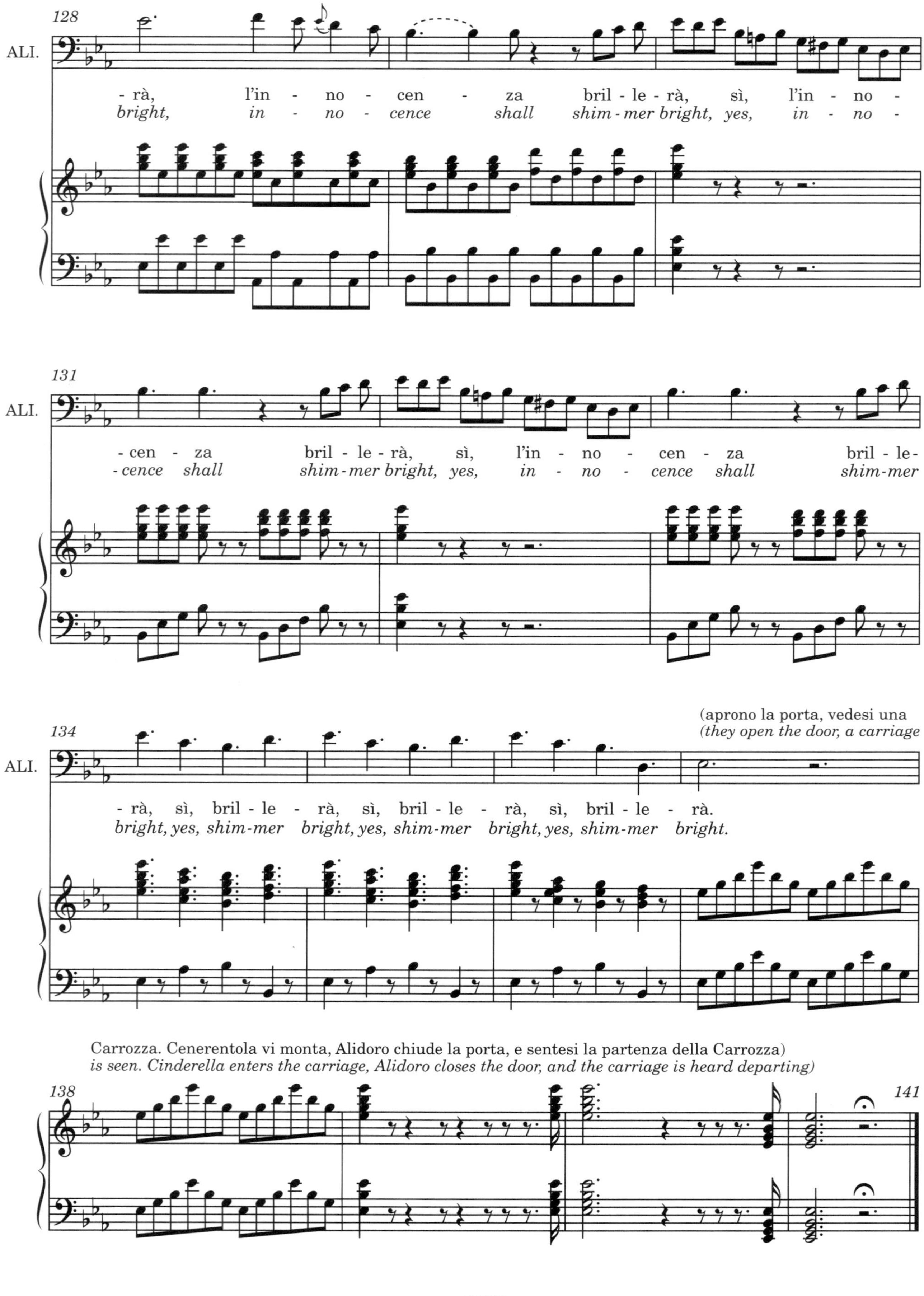
128
ALI.
- rà, l'in - no - cen - za bril - le - rà, sì, l'in - no -
bright, in - no - cence shall shim - mer bright, yes, in - no -
131
ALI.
- cen - za bril - le - rà, sì, l'in - no - cen - za bril - le-
- cence shall shim - mer bright, yes, in - no - cence shall shim-mer
(aprono la porta, vedesi una
(they open the door, a carriage
134
ALI.
- rà, sì, bril - le - rà, sì, bril - le - rà, sì, bril - le - rà.
bright, yes, shim-mer bright, yes, shim-mer bright, yes, shim-mer bright.
Carrozza. Cenerentola vi monta, Alidoro chiude la porta, e sentesi la partenza della Carrozza)
is seen. Cinderella enters the carriage, Alidoro closes the door, and the carriage is heard departing)
138
141

RICORDI
OPERA FULL SCORE SERIES

Gaetano Donizetti
Don Pasquale
(PR 36)
L'elisir d'amore
(PR 37)
Lucia di Lammermoor
(PR 40)

Giacomo Puccini
La Bohème
(PR 1351)
La fanciulla del West
(PR 116)
Madama Butterfly
(PR 1353)
Manon Lescaut
(PR 1364)
Tosca
(PR 1352)
Il trittico
(PR 1359)
Turandot
(PR 1358)

Gioachino Rossini
Il barbiere di Siviglia
(PR 1044)

Giuseppe Verdi
Aida
(PR 1357)
Un ballo in maschera
(PR 159)
Falstaff
(PR 154)
La forza del destino
(PR 151)
Messa di Requiem
(PR 160)
Otello
(PR 1370)
Rigoletto
(PR 1354)
Simon Boccanegra
(PR 152)
La traviata
(PR 1355)
Il trovatore
(PR 1371)

Richard Wagner
Parsifal
(PR 180)